提案力で差をつける

住宅ローン推進のポイント

マイホームなび株式会社
村元正明 著
Muramoto Masaaki

はしがき

　過去約10年間、住宅・販売事業者（マンションディベロッパー、住宅販売会社、ハウスメーカー、工務店、不動産仲介業者など）に対して契約者への住宅資金計画や新規住宅ローンに関する営業コンサルティングや営業支援業務を行ってきました。また個人に対する住宅資金計画や新規住宅ローン相談、また住宅ローンの借換え相談を3,000組以上行ってきました。

　その結果、住宅ローンを新規で借りる人たちの相談にも数多く対応してきましたが、住宅ローンの提案については、主に住宅・販売事業者の営業担当者が行っており、十分な説明やアドバイスを受けていないケースが多々ありました。また、金融機関から直接説明を受けている場合も、自行の商品説明を主に受けているだけで、住宅ローンの返済に関する基本的な考え方や自分自身の返済計画にあった住宅ローンが提案されているのかどうか疑問をもつケースもありました。

　住宅ローンの競争激化の影響で、金融機関の提案内容といえばどれだけ低い適用金利を提案できるかという内容に終始し、住宅ローンを新規で借りる人たちは適用金利面では満足していても、本当に自分にあった住宅ローンを選べているかどうか不安をもっているのが現状です。

　金融機関は収益を圧迫する金利引下げ競争から脱却し、住宅ローンを新規で借りる人たちに対して、住宅ローンだけでなく、住宅資金計画や住宅ローン全般に対して十分なアドバイスを個別に行うことが求められている時代になっています。そのことが、住宅ローンの営業推進をするうえで、他行との差別化を図り、単なる金利引下げ競争からの終焉が実現すると考えます。

　一方、住宅ローンの借換えにおいても、同様に金融機関間の金利引下げ競争に終始し、一部では収益性を無視した消耗戦の様相を呈しています。一方、

実際に住宅ローンの借換え相談にも多数対応してきましたが、住宅ローンの借換えを検討する人は、当然住宅ローンの返済負担を軽減することへの関心が高いだけでなく、それ以上に対応する金融機関に対して「わが家のメインバンク」としての提案に大きな期待をもっています。そのような期待に応えることが、住宅ローン推進営業の基本であり、住宅ローンの借換えの獲得はもちろん、最終に継続的な取引を実現することが可能となります。

　本書では、住宅ローンの知識に重きを置いたものでなく、これまでの実務経験をもとにして、金利引下げ競争から脱却した住宅ローン営業推進を実現するための実践的な手法をまとめたものです。

　読者の方々が本書を日々の営業活動で活用していただくことにより、住宅ローンの営業推進において、これまでの営業スタイルから新しい営業スタイルを確立され、多くの実績を残されるきっかけになることを願っています。

　最後になりましたが、企画段階から編集、出版に至るまで丁寧なアドバイスやサポートをしていただきました経済法令研究会の菊池様、笹原様にはこの場を借りて心から御礼申し上げます。ありがとうございました。

2011年9月

村元正明

目　　次

序章　住宅ローンのニーズを探る

最新の住宅販売事情 ……………………………………………………… 2
　☆新築住宅と中古住宅の市場動向　2
民間金融機関の住宅ローンの傾向 ……………………………………… 6
　☆住宅ローンの新規貸出状況　6
　☆民間金融機関の住宅ローンの貸出状況　7
国土交通省による今後の住宅政策 ……………………………………… 9
　☆国土交通省による今後の住宅政策　9
　☆将来目指す姿・あるべき姿　10
　☆現状の課題・問題点　10
　☆課題に対応した政策案　12

第1章　住宅ローン推進のための基礎知識

住宅ローンの供給チャネルと各種商品性
　〜住宅ローンの金利・返済方法〜 …………………………………… 16
　☆住宅ローンの仕組み（金利、返済方法）　16
　☆変動金利型　16
　☆一定期間固定金利選択型　18
　☆全期間固定金利型　20
　☆返済方法　21
　☆ボーナス時増額返済の併用　22

住宅ローンの供給チャネルと各種商品性
～公的ローンと商品性(住宅金融支援機構、財形、自治体ローン)～ 23
☆住宅金融支援機構の住宅ローン　23

☆【フラット35】、【フラット50】の特徴　23

☆財形住宅融資　25

☆リフォーム融資　26

☆自治体ローン　26

住宅ローンの供給チャネルと各種商品性
～民間ローンと商品性（民間金融機関、勤務先ローン）～ 27
☆民間金融機関の住宅ローン　27

☆勤務先ローン　28

住宅ローンに関わる保険商品の基礎知識
～火災保険と地震保険(仕組み、商品性、利用方法)～ 30
☆火災保険　30

☆保険金額　30

☆地震保険　31

住宅ローンに関わる保険商品の基礎知識
～生命保険～ 33
☆生命保険の種類　33

☆必要保障額の考え方　34

住宅ローンに関わる保険商品の基礎知識
～団体信用生命保険（通称「団信」）～ 36
☆団体信用生命保険とは　36

住宅ローンに関わる保険商品の基礎知識
～疾病保障付住宅ローン～ 38
☆疾病保障付住宅ローンとは　38

☆疾病保障付住宅ローンの商品性　38

住宅に関する諸費用と税務の基礎知識
～取得・購入時～ 40
☆土地・建物に関する諸費用　40

☆住宅ローンに関する諸費用　43

☆【フラット35】独自の費用　43

☆その他の費用　44

住宅に関する諸費用と税務の基礎知識
～保有時～ 45
☆土地・建物についての諸費用　45

☆住宅ローン減税（住宅借入金等特別控除）　46

☆繰上返済や金利タイプ変更手数料　48

住宅に関する諸費用と税務の基礎知識
～売却時～ 49
☆売却時に課税される税金および特例等　49

住宅に関する諸費用と税務の基礎知識
～贈与税と住宅購入・取得時の特例制度～ 51
☆贈与税（暦年課税）　51

☆相続時精算課税制度の概要　52

☆住宅取得等資金の特例制度　53

住宅ローンに関するコンプライアンスの基礎知識 54
☆住宅ローンに関するコンプライアンス　54

☆広告に関するコンプライアンス　54

☆契約に関するコンプライアンス　55

第2章　新規住宅ローン推進の実践

集客方法のポイント
～顧客の属性把握および抽出、アプローチ～ 62
☆住宅ローン既存契約者の動向　62

☆見込み顧客の掘起し　65

　　☆具体的な集客方法　66

集客方法のポイント
～住宅・販売事業者との連携～……………………………………71
　　☆住宅・販売事業者の違い　71

　　☆具体的な営業活動　73

集客方法のポイント
～住宅・販売事業者以外との連携～………………………………75
　　☆保険会社との連携　75

　　☆個人会員を抱える団体との連携　76

見込み顧客への相談のポイント
～新規住宅取得・購入者への相談のポイント～……………………77
　　☆新規住宅取得・購入者へのアプローチ　77

　　☆勤務形態に関するアドバイス　78

　　☆家族構成に関するアドバイス　78

　　☆自己資金および実親からの贈与　80

　　☆住宅ローンの返済可能額と家計の見直しに関するアドバイス　81

　　☆住宅ローンの返済シミュレーション上の注意点　84

　　☆返済期間、返済方法および他からの借入金に関するアドバイス　88

見込み顧客への相談のポイント
～住宅保有者等への相談のポイント～………………………………91
　　☆住宅保有者へのアプローチ　91

　　☆現在の住宅をリフォームする　91

　　☆現在の住宅の建替え（二世帯住宅化も含む）　92

　　☆現在の住宅から買換え　92

　　☆子供への住宅資金援助　93

　　☆保有する土地の売却　93

見込み顧客への相談のポイント
～競合他行との差別化提案のポイント～ ……………………………………… 95
☆他行の商品性と金利動向　95

☆適用金利以外のアピールポイント　95

プラン提案から契約締結まで
～顧客属性による提案方法～ ………………………………………………… 97
☆ライフプランを考慮した提案の必要性　97

☆家計の支出と住居費に焦点をあてた提案　98

☆一生賃貸派とマイホーム取得・購入派の総支出額の比較による提案　99

☆今後のライフプランを考慮したキャッシュフロー表やグラフを活用した提案　100

プラン提案から契約締結まで
～住宅形態による提案方法～ ………………………………………………… 107
☆新築分譲マンション・新築分譲一戸建て　107

☆中古住宅　109

☆注文住宅　111

第3章　借換え住宅ローン推進の実践

借換え市場の現状 ………………………………………………………………… 114
☆金融機関の動向　114

☆借換えを完了した住宅ローン契約者の動向　117

借換え営業推進対策 ……………………………………………………………… 120
☆借換え営業推進の考え方　120

☆借換え営業推進からみた営業エリア内の特性把握の項目　121

借換えの対象先の選定 …………………………………………………………… 124
☆既存個人取引先からの見込み顧客の発掘方法　124

☆候補となる見込み顧客の発掘方法　128

☆住宅ローン借換えの推進のための提携先　131

☆見込み顧客の集客方法　132

借換え提案のポイント
～初期段階から実行まで～ ……………………………………… 136

☆初期段階　136

☆具体的な提案ポイント　137

☆具体的な手続きから実行までのフォロー　141

借換え提案のポイント
～借換え提案の留意点～ ………………………………………… 143

☆借換え提案の留意点　143

☆借換え時の住宅ローン減税に関するアドバイス　147

☆他行の借換え攻勢に対する防衛策　149

第4章　ケーススタディ

基本編　ケーススタディ
～新規ローン営業推進の全体的な流れ～ ……………………… 152

☆見込み顧客の明確化　153

☆見込み顧客の集客のためのアプローチ　157

☆見込み顧客へのコンサルティングと提案およびクロージング　163

☆契約後・借換え実行後の個別フォロー　164

基本編　ケーススタディ
～借換えローン営業推進の全体的な流れ～ …………………… 165

☆見込み顧客の明確化　166

☆見込み顧客の集客のためのアプローチ　168

☆見込み顧客へのコンサルティングと提案およびクロージング　170

☆契約後・借換え実行後の個別フォロー　170

実践編 ケーススタディ：新規ローン
～新築マンション購入（子供の教育資金を考慮した家族世帯向けの相談事例）～… 171
☆相談のポイント　171
☆シミュレーション　172
☆現状分析と提案　176
☆相談者のニーズに応える提案とフォロー　177

実践編 ケーススタディ：新規ローン
～新築マンション購入（老後の生活を考慮した単身者向けの相談事例）～… 179
☆相談のポイント　180
☆シミュレーション　180
☆提案　183
☆相談者のニーズに応える提案とフォロー　185

実践編 ケーススタディ：新規ローン
～注文住宅（土地購入後、注文住宅を建てる）～……………………………… 187
☆相談のポイント　187
☆シミュレーション　188
☆提案　192

実践編 ケーススタディ：借換えローン
～全期間固定金利型を借入中で、より低金利な金利タイプを重視する場合～……… 194
☆相談のポイント　194
☆シミュレーション　195

実践編 ケーススタディ：借換えローン
～変動金利型を借入中で金利上昇リスク回避を重視する場合～………… 197
☆相談のポイント　198
☆シミュレーション　198

本書をお読みになるにあたって

　本書では、銀行、信用金庫、信用組合など、業態によって呼び名・名称が異なる場合でも、原則として銀行の表記（当行、自行、行内など）に統一しています。本書をお読みになる際は、自分が所属する金融機関の表記（当金庫、自金庫、庫内／当組合、自組合、組合内など）に置き換えてご活用ください。

序章

住宅ローンの
　　　ニーズを探る

最新の住宅販売事情

ココがポイント！
1. 新築住宅の着工件数は、全国的に前年比増加傾向にあるものの、件数自体は、大きく増加する可能性は少ない
2. 中古住宅は地域差があるものの、全体的にわずかながら増加傾向にある

☆新築住宅と中古住宅の市場動向

住宅ローンの新規案件については、当然新築住宅の取得や購入や中古住宅の購入のときにニーズが発生します。そこで、まずは新築住宅や中古住宅の市場動向を把握する必要があります。

●新築住宅の市場動向

新築住宅の市場動向を把握するためには、国土交通省が発表する「建築着工統計調査報告書」の「新設住宅着工戸数」が有効です。

過去15年間の「新設住宅着工戸数」をみると、分譲一戸建や分譲マンション（統計上は「分譲住宅」）については、ほぼ30万戸以上を維持してきましたが、リーマンショックの影響で、2009（平成21）年以降は大きく減少しています。今後の傾向については、リーマンショックにより、分譲住宅を供給する一部の大手、また中堅以下の多くの事業会社が倒産などに追い込まれたため、現在では事業会社の数自体が少なくなっており、2007（平成19）年以前のような着工戸数は、見込めないといわれています。

注文住宅（統計上は「持家」）については、分譲住宅ほど大きな落ち込みはないものの、世帯数の減少などにともない、毎年低下傾向が顕著になっています。今後は、政府による経済対策で一時的な増加の可能性があったとし

ても、大きく増加する要因は、今のところないといわれています。

なお、統計の内容は、全国だけでなく各都道府県のデータも集計されていますので、地域別の市場動向を確認することもできます。

◆図表1　全国新設住宅着工戸数の推移（総戸数、利用関係別）

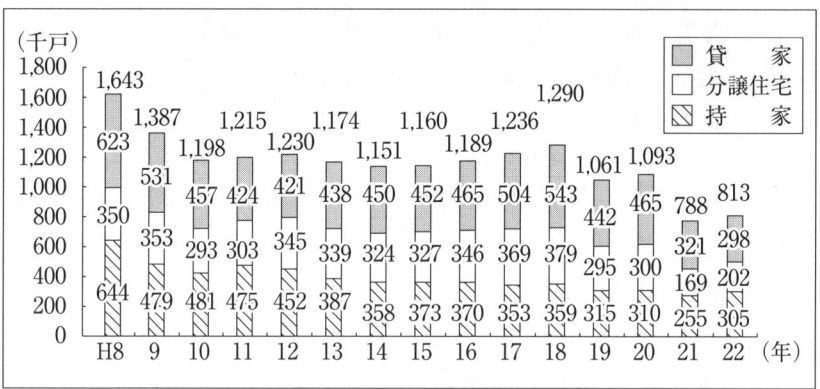

※　棒グラフの合計は、「貸家」、「分譲住宅」、「持家」に「給与住宅（社宅など）」を加えた数値
（出所）国土交通省「平成22年新設住宅着工件数」

● 中古住宅の市場動向

中古住宅の動向は、国土交通大臣指定不動産流通機構（通称「レインズ」）の市場調査データにより、確認することが可能です。不動産流通機構は全国を4つに分けて運営されており、対象地域が以下のように分かれています。

・財団法人東日本不動産流通機構（1都1道15県）

> 北海道、青森県、岩手県、宮城県、秋田県、山形県、福島県、茨城県、栃木県、群馬県、東京都、埼玉県、千葉県、神奈川県、山梨県、長野県、新潟県

・社団法人中部圏不動産流通機構（7県）

> 富山県、石川県、福井県、岐阜県、静岡県、愛知県、三重県

・社団法人近畿圏不動産流通機構（2府4県）

> 滋賀県・京都府・大阪府・兵庫県・奈良県・和歌山県

・社団法人西日本不動産流通機構（17県）

> 鳥取県、島根県、岡山県、広島県、山口県、徳島県、香川県、愛媛県、高知県、福岡県、佐賀県、長崎県、熊本県、大分県、宮崎県、鹿児島県、沖縄県

　地域により傾向に違いがありますが、東日本不動産流通機構の調査結果による首都圏における中古住宅（マンションおよび一戸建）成約件数は、「図表2」、「図表3」のとおりです。

　首都圏の場合、過去10年間で、中古マンションの場合は約2.5～3万件、中古一戸建の場合は約1万件で推移しており、中古マンションは微増、中古一戸建は横ばい傾向にあるといえます。

　今後の傾向は、新築分譲物件の着工件数が減少傾向にあることや価格の値ごろ感などから、緩やかに増加傾向になるといわれています。

◆図表2　中古マンションの成約件数

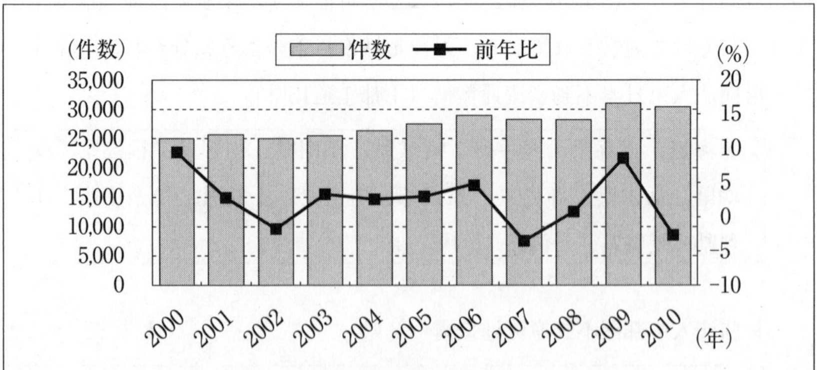

（出所）財団法人東日本不動産流通機構「首都圏不動産流通市場の動向（2010年）」

◆図表3　中古一戸建の成約件数

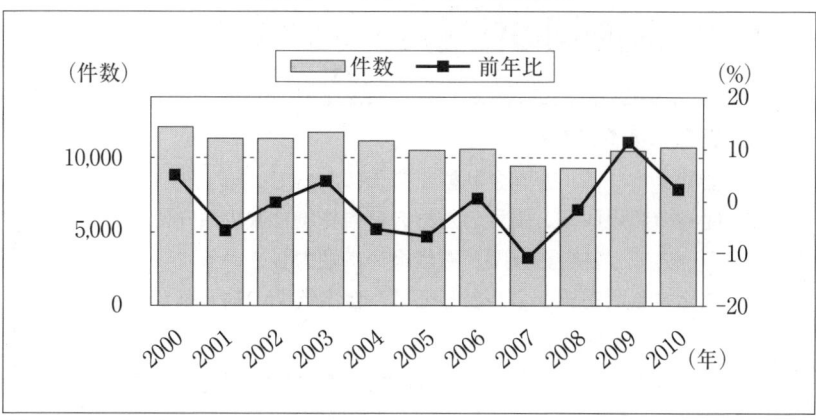

（出所）財団法人東日本不動産流通機構「首都圏不動産流通市場の動向（2010年）」

民間金融機関の住宅ローンの傾向

ココがポイント!

1 金利タイプは、変動金利型が主流になっている
2 住宅の新規取得・購入のための新規貸出は減少傾向にいるが、その一方で、各金融機関とも借換えに注力している
3 強化する販売チャネルとしては、金融機関の約8割が「住宅事業者ルート」をあげている

☆住宅ローンの新規貸出状況

住宅ローンの新規貸出の状況は、住宅金融支援機構による「業態別住宅ローンの新規貸出額及び貸出残高の推移」のデータから住宅ローンの新規貸出額を抽出すると、以下のような状況です。

◆図表4　業態別住宅ローンの新規貸出額の推移

(単位：億円)

	平成15年	平成16年	平成17年	平成18年	平成19年	平成20年	平成21年
国内銀行※	168,868	164,040	176,183	155,853	147,413	148,040	142,980
信用金庫	24,885	21,133	20,332	18,778	16,822	16,978	15,555
信用組合	3,182	2,717	2,694	2,589	2,327	2,179	2,075
労働金庫	17,143	13,942	14,110	15,522	12,797	16,580	16,775
生命保険会社	1,624	1,299	1,506	1,704	1,556	1,536	1,661
住宅金融支援機構(買取債権)	50	2,017	10,172	9,347	8,630	6,848	10,127
住宅金融支援機構(付保債権)	–	–	–	5	894	1,923	177
地方公共団体	3,508	3,681	3,193	3,767	3,534	3,047	–
合　計	219,260	208,829	228,190	207,565	193,972	197,130	189,350

※　国内銀行：都市銀行、地方銀行、第二地方銀行、信託銀行
(出所) 住宅金融支援機構「業態別住宅ローンの新規貸出額及び貸出残高の推移」より抜粋

住宅の新規着工件数の減少による影響を受けて、新規貸出額の合計も減少傾向にあるのが実情です。

☆民間金融機関の住宅ローンの貸出状況

次に、住宅金融支援機構による「平成22年度民間住宅ローンの貸出動向調査」をもとに、民間金融機関の住宅ローンの貸出状況についてまとめてみます。

この調査は、都市銀行、信託銀行、地方銀行、第二地方銀行、信用金庫、信用組合、労働金庫、モーゲージバンクその他金融機関、合計309の金融機関からのアンケート結果を取りまとめたものです。

まず、業態別に見た新規貸出額の金利タイプ別構成比では、都市銀行・信託銀行は変動金利型が約9割(85.6％)と主流を占めています。また、地方銀行、第二地方銀行、信用組合でも、変動金利型が4割を超えており、これらの業態でも変動金利型の流れが加速しています。

●新規・借換え貸出額の対前年度増減

新規貸出額の対前年度増減については、「大幅増・増加（21.5％＋10.4％＝31.9％）」と比較して、「大幅減・減少（12.8％＋28.4％＝41.2％）」となり、減少と回答した金融機関の割合が多くなっています。その一方で、借換えの対前年度増減については、「大幅増・増加（42.5％＋9.7％＝52.2％）」と比較して、「大幅減・減少（10.1％＋13.0％＝23.1％）」と、増加と回答した金融機関の割合が多くなっています。また、新規貸出額に占める借換えの割合は、平成21年度で平均33.1％（20年度26.3％、19年度24.9％、18年度25.5％）と増加し、新規貸出の3割を超えてきています。

●住宅ローンへの取組み姿勢

住宅ローンへの取組み姿勢は、新規・借換えともに、現状および今後について9割近くが「積極的」と回答し、その理由は「貸出残高増強」69.3％、「家計取引の向上」51.8％、「住宅以外の貸出伸び悩み」45.7％の順で、特に「住宅以外の貸出伸び悩み」の割合が高まっています。また、具体的な積極化

策では、「借換え案件の増強」60.6%、「金利優遇拡充」43.4%、「商品力強化」41.6%、「営業体制強化」33.0%などがあげられています。次に住宅ローンの営業戦略として、年収、年齢、家族類型、融資物件に関し、重視する顧客層は、「年収600万円程度」が過半数（57.8%）を占め、「30歳代後半～40歳代前半（団塊ジュニア層）」81.2%、「子育てファミリー層」86.0%、「新築注文住宅」67.9%などの回答割合が高くなっており、今後、重視する金利タイプは、「一定期間固定期間選択型（10年）」が多く、次いで「変動金利型」が目立っています。しかし、都市銀行・信託銀行では、「変動・固定の金利ミックス型」の割合も高く、業態間によって違いがみられます。また、重視する商品特性としては、「新築向け」と「借換え」がともに72.7%となり、次に、「リフォーム」、「中古住宅向け」などが40%以上となっています。

　住宅ローンの販売チャネルとしては、金融機関の約8割（82.3%）は「住宅事業者ルート」をあげ、次いで、「窓口等での個別対応」が67.9%となっています。

国土交通省による今後の住宅政策

ココがポイント！

1 国土交通省による今後の住宅政策は、GDPに占める住宅の投資の割合を3％台から5％まで増やす目標を掲げている
2 質の高い新築住宅だけでなく、中古住宅流通・リフォームについても、これまで以上に重点をおく
3 中古住宅流通・リフォームについては、今後10年間で約20兆円まで倍増させる計画である

☆国土交通省による今後の住宅政策

　住宅ローンの新規貸出の今後の戦略として、借換えが重視される傾向が強いことも事実ですが、新規貸出が主流であることは間違いありません。新規貸出は今後の戦略の主流であり、今後の住宅市場の動向に左右されます。この住宅市場の動向に大きな影響を与える要因として、国土交通省の今後の住宅政策があげられます。

　国土交通省の住宅政策は、「国土交通省成長戦略」（2010（平成22）年5月発表）や「新成長戦略」（2010（平成22）年6月18日閣議決定）で確認することができます。

　この「国土交通省成長戦略」によると、「住宅・都市分野の成長戦略についての基本認識」の「住宅・建築投資活性化・ストック再生戦略」において、長期優良住宅やエコ住宅などの新築住宅だけでなく、中古住宅流通やリフォームの促進についても、重点をおいた政策を実施していくとしています。

　特に、中古住宅流通・リフォーム市場については、2010（平成22）年時点で約10兆円とされている市場規模を10年後には20兆円まで倍増させるため、「中古住宅・リフォームトータルプラン」の具体案を策定しています。

以上のように国土交通省の住宅政策は、新築住宅重視から中古住宅やリフォーム重視に大きくシフトしてきています。
　よって、新規住宅ローンについては、中古住宅やリフォーム市場の拡大を視野に入れた営業推進をどのように行っていくか、また、このような市場変化を考慮した住宅ローンの借換え営業推進をどのように考えていくか、政府の政策転換を視野に入れていくことが、とても重要になってくるといえるでしょう。

☆将来目指す姿・あるべき姿
　あわせて、「国土交通省成長戦略」では将来目指す姿・あるべき姿として、長期優良住宅、エコ住宅などの質の高い新築住宅の供給支援と中古住宅の流通促進・リフォーム市場の整備を両輪として住宅市場を活性化し、投資を促進していくことを掲げています。これらにより、国民のライフステージやライフスタイルに応じた柔軟な住宅選択を可能とするとともに、良質なストックの蓄積を目指しています。

> 戦略目標：2020年目途⇒GDPに占める住宅の投資の割合を3％台から5％まで増やす。

☆現状の課題・問題点
　「国土交通省成長戦略」のなかでは、住宅環境や投資を取り巻く現状から、課題・問題点を取り上げているので、ここで列挙しておきます。

●課題・問題点①（住宅投資額の減少傾向）
　住宅投資は内需拡大の柱の1つですが、わが国の住宅投資は近年減少傾向にあり、対GDP比でみても、人口1,000人当たりでみても、投資額は欧米を下回る状況にあります。

◆図表5 「新成長戦略」(平成22年6月18日閣議決定) 観光・地域活性化戦略 ストック重視の住宅政策への転換

(単位：億円)

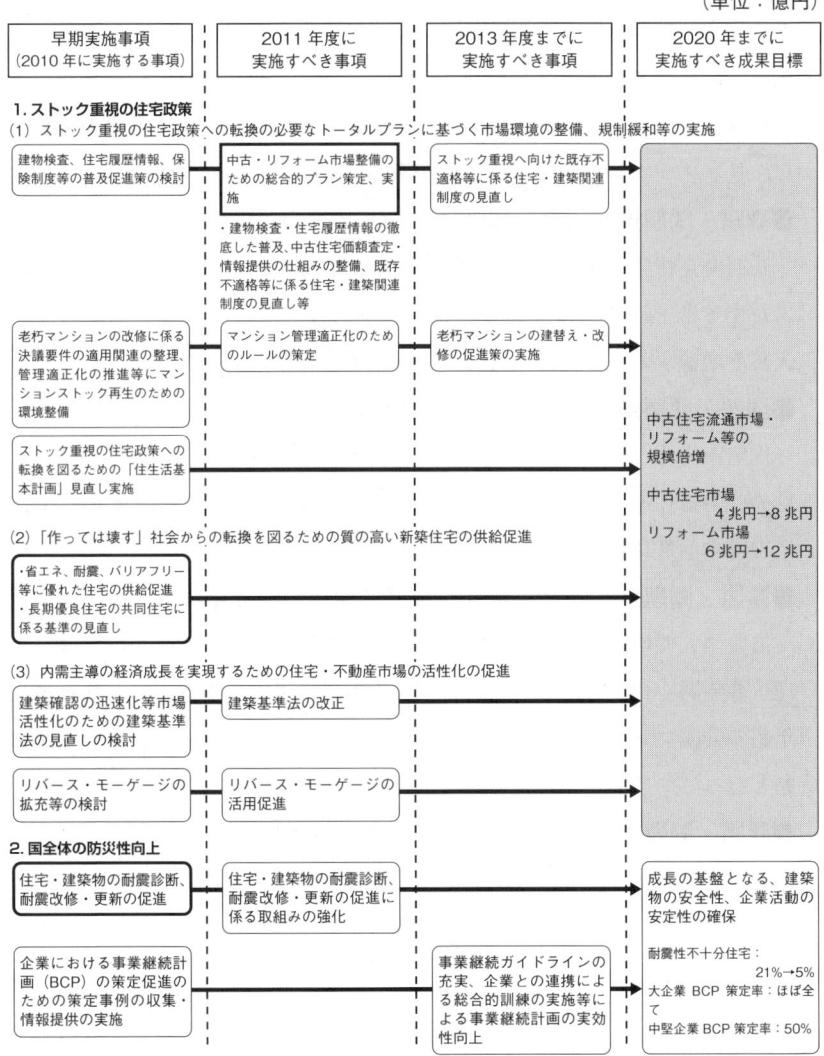

(出所) 首相官邸HP

●課題・問題点②（雇用体系の変化による購買力の低下）
　国民の住宅取得意欲は根強いものの、年功序列型の賃金制度の崩壊等による住宅の購買力低下などにより、従来のような新築住宅中心の需要は変化しつつあります。また、わが国では中古住宅の流通量が少なく、リフォーム投資のウェイトも小さいですが、今後は欧米のように、中古住宅を購入し、リフォームして居住する選択が増加していくことが想定されています。

●課題・問題点③（質の高い住宅ニーズへの対応）
　長期優良住宅の建設が一戸建て住宅の約2割を占めるなど、住宅の「質」に対する関心は高まっており、【フラット35】Sや生前贈与を活用して購入額を増額することにより質の高い住宅の整備が期待されています。

●課題・問題点④（新築・中古住宅両建ての推進）
　住宅市場をとりまく状況が大きく変化するなかで、質の高い新築住宅の供給と中古住宅の流通・リフォーム市場の整備を充実させ、2本の柱で住宅市場の活性化を推進することが必要です。

●課題・問題点⑤（マンション管理の課題の顕在化）
　需要の大幅増が見込まれるマンションの改修・建替え等については、管理への無関心化、管理組合役員の担い手不足、老朽化が進んでおり（築50年超の分譲マンション：1万戸→94万戸（20年後））、住民の合意形成が課題となっています。

●課題・問題点⑥（法律改正にともなう混乱）
　また、改正建築基準法の施行にともない建築確認手続きの停滞が生じました。円滑化に向けたさまざまな取組みを行ったものの、さらなる見直しが求められています。

☆課題に対応した政策案

　早期の実現を目指すもの（2011（平成23）年度概算要求を含む）として、以下の政策が掲げられています。

● **長期優良住宅等の普及の促進**

　質の高い新築住宅の供給を促進するため、省エネ性、耐震性、バリアフリー性等に優れた住宅購入への支援を拡充するとともに、普及が遅れている共同住宅に係る基準の見直しや中小工務店に対する技術力向上のための支援などにより長期優良住宅の普及を促進します。

● **中古・リフォーム市場等の整備**

① インスペクションが行われる瑕疵保険付きのリフォームや中古住宅購入への支援を行います。あわせて、安心してリフォームが行えるよう、リフォーム瑕疵保険の引受けを行う保険法人によるリフォーム事業者に関する情報提供（登録されているリフォーム事業者名や瑕疵保険加入実績の開示）やリフォームの見積りに係る相談体制の整備、中小工務店のリフォーム技術力向上のための支援を行います

② 信頼される流通を可能にする、ICT（情報通信技術）を利用した住宅トレーサビリティを確立します

③ 賃貸住宅に安心して住めるよう、賃貸住宅に係る相談・支援体制を整備するとともに、公的賃貸住宅と子育て施設や福祉施設との一体的な整備を促進します

● **マンション管理の適正化などによるマンションストックの再生**

① 適切な長期修繕計画の策定と修繕積立金の積立てを行うため、マニュアルの作成や標準管理規約などに代表されるマンション管理のルールの見直しを行い、購入予定者に対する適正な管理のための情報提供をします

② 老朽マンションの改修・建替えを促進するため、改修や建替えの決議要件等の見直しについて法務省と連携して検討します

● **耐震改修・更新の支援**

　2020年に95％の耐震化に向けて、耐震性適合ビルを表示する制度の整備やマンションの耐震改修に対する補助の強化など、耐震改修・更新を支

援します。

●**建築基準法の見直し**
　建築確認審査の迅速化、申請図書の簡素化、厳罰化の観点から、建築確認手続き等の運用改善を実施するとともに、建築基準法の見直しについて検討を行います。

第1章
住宅ローン推進の
ための基礎知識

住宅ローンの供給チャネルと各種商品性
～住宅ローンの金利・返済方法～

ココがポイント！
1. 金利タイプは、変動金利型、一定期間固定金利選択型、全期間固定金利型の3タイプがある
2. 3つの金利タイプのメリット、デメリットを理解する
3. 元利均等返済と元金均等返済のメリット、デメリットを理解する
4. ボーナス時増額返済のメリット、デメリットを理解する

☆住宅ローンの仕組み（金利、返済方法）

金利タイプには、以下の3つのタイプがあります。顧客にわかりやすく説明するためにも、それぞれの特徴をよく理解しておく必要があります。

- ・変動金利型
- ・一定期間固定金利選択型
- ・全期間固定金利型

また、以下のような顧客にとって必要な情報を提供できるようにしておくことも重要です。

- ・適用金利は、「申込時の金利」か「実行時の金利」か、またその違いはなにか
- ・公表される金利は、毎月見直しが行われていること
- ・新しい金利は、いつ発表されるか　など

☆変動金利型

通常の金融機関では、短期プライムレートをベースにして適用金利を決定します。日本銀行の政策金利（無担保翌日物の誘導金利）の見直しが行われ

ると、通常、短期プライムレートもその内容を受けて見直しが行われます。

また、借入後の金利の見直しは、半年に1回行われ、新しい金利は、金利を見直した月の2ヵ月後の約定返済日から適用されます（金融機関によっては、金利見直しのタイミングに違いがあります）。加えて、返済額は5年間一定で、5年ごとに返済額の見直しされます。金利の上昇により返済額見直し時に返済額が増えても、これまでの返済額の1.25倍が上限となります。

●メリット

- 優遇金利を適用すると他の金利タイプよりも低いので、返済当初の返済額が少なくできる。
- 借入後に金利が上昇した場合、返済額見直し時に1.25倍の上限があるので、金利見直し時に返済額に上限が設けられていない一定期間固定金利よりも、返済計画が立てやすい。

●デメリット

- 借入後に金利が上昇した場合に返済額が増えるので、金利の上昇幅によっては、家計を圧迫する可能性がある。
- 借入後の金利の上昇によっては、未払い利息が発生する可能性がある。

◆図表1－1　変動金利型の返済例

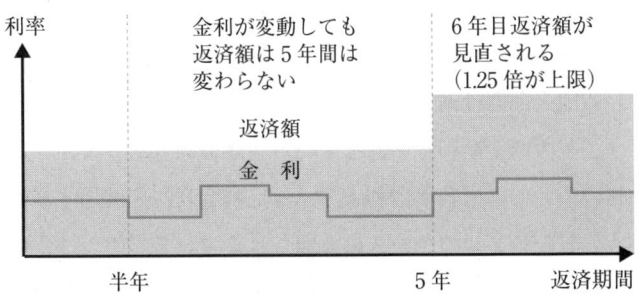

ネット銀行や新興系金融機関では、変動金利型についてこのようなルールを適用せず、独自のルールを適用しているケースもあります。当然のことですが、まずは自行の変動金利型のルールを十分に理解し、競合他行のルールも理解しておく必要があります。
　適用金利については、基準金利（店頭金利）より完済までの全期間、一定の金利幅を優遇している金融機関がほとんどです。

☆一定期間固定金利選択型

　マーケット金利（国債市場金利や金利スワップレート）の動きをもとに、住宅ローンの販売戦略も考慮して金利が決定されます。
　固定金利の期間に対応したマーケット金利の動きを参考にして決定されるケースが多いようですが、10年物新発国債の指標金利の動きが参考となります。
　返済のスタートから一定期間は適用金利を固定できるので、その期間は返済額も一定になります。また、固定金利が終了する月に変動金利型または再度一定期間固定金利選択型を選択することになります。これにより、固定金利終了時には、新しい金利タイプと新しい適用金利が決まり、当然返済額も新しくなります。
　変動金利型から一定期間固定金利選択型への変更、また一定期間固定金利選択型から変動金利型への変更ができるかどうか、またそのタイミングは返済約定日のみか、固定金利期間が終了したときのみか、手数料の有無など、金融機関によって金利タイプの変更ルールに違いがあります。
　選択できる固定期間は通常、2、3、5、10年が一般的ですが、10年を超える15年、20年の固定金利を準備している金融機関もあります。
　適用金利については、基準金利より、一定の金利幅を優遇するケースが見受けられ、おおむね2つのケースに大別されます。まず1つは、借入から完済までの全借入期間について、基準金利（店頭金利）から同じ金利幅を優遇

するタイプがあり、次に借入当初から当初の一定期間固定金利が終了するまで基準金利（店頭金利）から優遇する金利幅を大きくし、当初一定期間固定金利が終了してから完済までの期間について、優遇する金利幅を下げるタイプがあります。

なお、後者について、当初の一定期間固定金利が終了した後の金利優遇幅は、前者よりも優遇幅が少なくなっています。そのため、仮に基準金利（店頭金利）が金利上昇せず一定だったとしても、当初の一定期間固定金利終了時以後の返済額は増えることになります。

●メリット

・固定期間中は返済額が一定なので、その期間中は返済計画が立てやすい。
・固定期間終了後、そのときの適用金利によって、再度、一定期間固定金利選択型か変動金利型か選べる自由度がある。

●デメリット

・借入時には固定金利期間終了後の金利の予想ができないので、完済までの返済計画を立てることができない。
・固定金利終了後の適用金利がこれまでの適用金利より上昇した場合、変更後の返済額に上限がないため、金利の上昇幅によっては、家計が破綻するリスクがある。

◆図表1－2　一定期間固定金利選択型の返済例

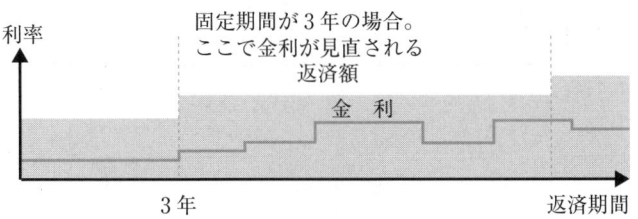

☆全期間固定金利型

　住宅ローンの返済期間は最長35年なので、この期間に対応するマーケット金利はあまりないものの、一定期間固定期間選択型と同様に10年物新発国債の指標金利の動きが参考となります。

　借入時の適用金利が完済まで適用されるので、返済期間中、市場金利がどのように変化しても、返済額は完済まで一定となります。

　全期間固定金利型については、住宅金融支援機構の【フラット35】を取り扱っている金融機関が多く見受けられますが、プロパーの住宅ローンにて、10年超〜35年の全期間固定金利型を取り扱っている金融機関もあります。

●メリット

- ・完済まで返済額が一定なので返済計画が立てやすい
- ・他の金利タイプのように適用金利が変更により返済額の変更がないので精神的な負担はない

●デメリット

- ・他の金利タイプよりも適用金利が高いため、返済当初の返済額が多い
- ・変動金利型や固定金利選択型への金利タイプの変更ができない

◆図表1−3　全期間固定金利型の返済例

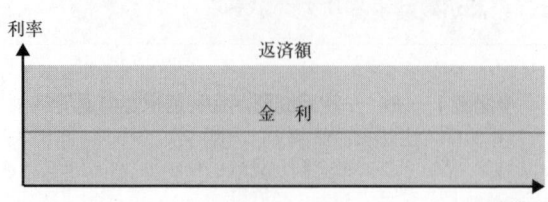

☆返済方法

返済方法には、元利均等返済と元金均等返済があります。

●元利均等返済

元利均等返済は、元本返済額と利息金額の合計額、すなわち毎回の返済額が一定となる返済額です。

よって、返済当初は毎回の返済額のうち元本返済額が少なく利息金額は多く、返済が進むにつれて元本返済額が多く利息金額は少なくなっていきます。

◆図表1－4　元利均等返済のイメージ

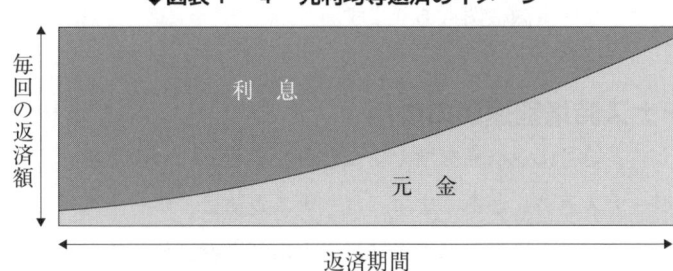

●元金均等返済

元金均等返済は、毎回の元本返済額が一定で、その返済額に利息金額が加算された金額が毎回の返済額となります。

よって、返済当初は、毎回の返済額が多く、返済が進むにつれて毎回の返済額は少なくなっていきます。

◆図表1－5　元金均等返済のイメージ

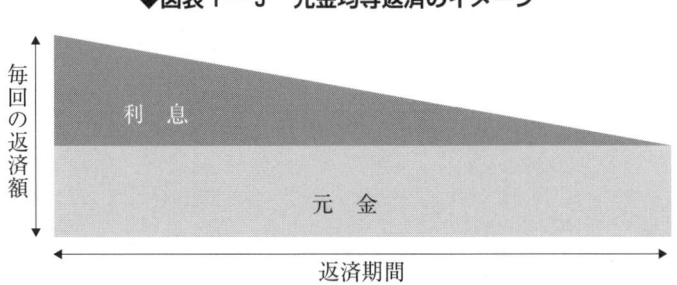

借入金額、返済期間、適用金利を同じにして支払利息の総支払額を比較した場合、元金均等返済のほうが少なくなりますが、当初の毎月の返済額は多くなります。

　そのため、「元金均等返済のほうが総返済額が少ない」という情報をもとに元金均等返済を選択した借主が返済額の検討を十分に行わなかったために、返済開始後、毎月の返済負担が大きくなって、家計を圧迫するケースがあります。

　また、元利均等返済はどの金融機関での選択できるのですが、元金均等返済は選択できない金融機関もあります。

☆ボーナス時増額返済の併用

　ボーナス支給月に返済額を増やすことができる、いわゆるボーナス時増額返済（ボーナス返済）があります。ボーナス返済は、ボーナス月に返済額を増やせる分、ボーナス月以外の返済月の返済額を軽減することが可能となります。

　ただし、ボーナス時増額返済に回せる借入額の割合の上限は、借入金額の50%を上限としている金融機関が多く見受けられます。

　借入後はボーナス時増額返済の割合を変更できないので、勤務先の賞与体系が毎回ほぼ一定の場合は検討の余地がありますが、勤務先の賞与体系が業績連動制など毎回のボーナス額の変動が大きい場合は、返済が困難になる可能性があります。

住宅ローンの供給チャネルと各種商品性
～公的ローンと商品性（住宅金融支援機構、財形、自治体ローン）～

> **ココがポイント！**
> 1. 住宅金融支援機構の融資制度を理解する
> 2. 特に【フラット35】については、貸出残高が増えているので、内容を熟知する必要がある
> 3. 自治体融資は、新規住宅取得から既存住宅のリフォームにシフトしている

☆住宅金融支援機構の住宅ローン

　独立行政法人住宅金融支援機構の前身である住宅金融公庫は、公的住宅ローンとして直接融資を行っていましたが、平成19年4月に住宅金融支援機構に移行されてからは、直接融資を廃止して、主に民間金融機関による長期固定金利型住宅ローンの供給を支援する証券化支援業務（【フラット35】）を行っています。国土交通省の管轄になるので、国の住宅融資政策を実行する機関といえます。

　なお、住宅金融公庫のときに行っていた財形住宅融資は、継続されています。

☆【フラット35】、【フラット50】の特徴

　返済期間最長35年（【フラット50】は最長50年）の全期間固定金利の住宅ローンです。適用金利は、原則として、15年以上～20年以下、21年以上35年以下、36年以上50年以下（【フラット50】）に分かれており、取扱いをする金融機関によって違いがあります。なお、【フラット50】は長期優良住宅の認定を受けた住宅が対象となり、取扱いも、一部の金融機関のみとなっています。

　返済能力によりますが、借入金額は最大8,000万円（【フラット50】は最大6,000万円）で、住宅の建築価格または物件価格の最大90％（【フラット50】

は最大60％）まで、借入が可能となっています。

　対象物件は、新築建築費、新築分譲住宅、中古住宅が対象となりますが、土地のみの購入費用やリフォームは対象外となります。

　床面積の制約条件は、一戸建て住宅の場合70㎡以上、マンションなどの場合は30㎡以上で、この床面積は登記上の面積（内法面積）ではなく、販売用パンフレットの面積（壁芯面積）となります。なお、店舗付き住宅などの併用住宅の場合は、住宅部分の床面積が非住宅部分（店舗、事務所等）の床面積以上であることが必要です。

　保証料は必要ありませんが、融資手数料がかかります。この融資手数料には、借入金額に関係なく金額が決まっている定額制と、借入金額に対して一定割合の金額が必要となる定率制があります。適用金利は、一般的に定額制のほうが定率制よりも高く設定されています。

　団体信用生命保険（機構団信特約制度）は任意加入となっているので、民間金融機関の住宅ローンと違って団体信用生命保険に加入できなくても借入が可能です。また、団体信用生命保険（機構団信特約制度）に加入した場合は、毎年1回保険料の支払いが借入残高によって発生します。

　取得・購入する住宅は、住宅金融支援機構において技術基準を定めており、その基準を満たすための物件検査を受ける必要があり、その検査費用は借主の負担となります。

　繰上返済手数料は無料ですが、1回の繰上返済は、100万円以上となります。

　また、平成21年6月より借換えに対する資金にも対応が可能となりました。通常の融資は物件検査を受ける必要がありますが、借換えの場合は新耐震物件（物件の建築確認日が昭和56年6月1日以降）であれば、「【フラット35】借換対象住宅に関する確認書」を金融機関にご提出することで物件検査は不要となっています。

　適用金利は、融資実行月の25日における新発10年物国債利回りを基準に住宅金融支援機構が提示金利を決定し、各金融機関がその提示金利をもとに、

融資実行月の第2営業日までに公表します。

【フラット35】Sとは、省エネルギー性、耐震性などに優れた住宅を取得する場合に【フラット35】の借入金利を一定期間引き下げる制度です。

【フラット35】Sには、省エネルギー性に優れた住宅を取得する場合に【フラット35】Sエコと、耐震性・バリアフリー性などに優れた住宅を取得する場合に【フラット35】の借入金利を一定期間引き下げる【フラット35】Sベーシックがあります。ただし、【フラット35】Sは予算金額があり、予算金額に達すると制度の終了等を含めた変更が加えられる可能性がありますので、常に住宅金融支援機構のホームページ等での確認が必要になります。

☆財形住宅融資

住宅金融公庫が行っていた財形住宅融資は、住宅金融支援機構が引き続き行っています。

返済の開始から終了までの全期間、5年ごとに適用金利を見直す5年固定金利となっています。ただし、財形貯蓄が必要で、財形貯蓄残高の10倍の額（最高4,000万円）まで、必要資金の80%を限度として融資が受けられます。【フラット35】とあわせて利用することも可能で、融資手数料は不要となっています。資金使途は【フラット35】と違い、リフォーム資金も対象となります。

なお、【フラット35】は実行時の金利が適用されますが、財形住宅融資は、申込時の金利が適用されます。

また、住宅金融支援機構による財形住宅融資以外にも、独立行政法人勤労者退職金共済機構による「財形持家転貸融資」や財形住宅金融株式会社（通称「財住金」）による「財形住宅融資」があります。

ただし、これらの財形住宅融資は勤務先の福利厚生制度として提供され、また財形貯蓄をしていることや勤務先からの利子補給があるなどの条件があり、融資を受けることができる人は限られています。

☆リフォーム融資

【フラット35】についてはリフォーム資金は対象外ですが、次の資金使途の場合のみ、機構融資としてリフォーム融資が可能です。

> ・高齢者向け返済特例制度を利用して、バリアフリー工事または耐震改修工事を行う場合
> ・耐震改修工事を行う場合　など

☆自治体ローン

自治体ローンとは、都道府県や市町村が申込窓口となっている融資のことで、自治体が政策的に住民の住宅を充実させるために行う融資制度です。以前は、新規の住宅取得・購入への融資制度も盛んに行われていましたが、最近は新規の住宅取得・購入や融資や利子補給制度は廃止される傾向が強く、現在では、既存住宅の耐震改修工事、バリアフリー化、エコ住宅化などのリフォーム工事に対する補助金や助成金が主流となっています。まずは、自行の営業地域の自治体にどのような融資制度があるか個別に把握することが重要です。

なお、自治体ローンは、以下のような形態があります。

> ・自治体の年度予算から住民である利用者に貸し付ける直接融資制度
> ・自治体指定金融機関を斡旋し、自治体が金利の一部を負担する融資斡旋制度
> ・自治体指定金融機関を利用すると金利の一定割合を補助する利子補給制度

住宅ローンの供給チャネルと各種商品性
～民間ローンと商品性（民間金融機関、勤務先ローン）～

ココがポイント！

1. 住宅ローンを取り扱う民間金融機関はさまざまな形態があり、住宅ローンの差別化が進んできている
2. 店舗を持つ銀行、信用金庫、信用組合だけでなく、ネット専業銀行やモーゲージバンクなども競合相手となっている
3. 雇用の流動化が進んでいるものの、勤務先ローンの把握も重要である

☆民間金融機関の住宅ローン

●民間金融機関の業態

住宅ローンを提供する民間金融機関は、ノンバンク等も含めると、以下のような業態があります。

- 都市銀行、地方銀行、第二地方銀行、信託銀行、新興系銀行、信用金庫、信用組合
- ネット専業銀行
- 生損保会社
- 【フラット35】系モーゲージバンク
- ノンバンク
- JAバンク　など

このように、住宅ローンを提供する民間金融機関は多岐にわたり、また、住宅ローンの内容についても、各金融機関の独自性を打ち出しています。住宅会社との提携ローンを主軸に、窓口対応だけでなく、インターネットによる申込受付を行っている金融機関も増えています。

まずは、営業地域内の競合他行だけでなく、【フラット35】系モーゲージバンク、ネット専業、ノンバンク、JAバンクの営業戦略や住宅ローンの商品性をよく把握し、自行の住宅ローンとの違いを十分に理解することが重要です。

適用金利は、市場金利や住宅ローンの販売戦略を考慮して、実行月の第1営業日に公表されます。

●民間金融機関によるユニークな住宅ローン

民間金融機関には、以下のようなユニークな住宅ローンを展開している金融機関もあります。

> ・自己資金20％以上の契約者向け金利引下げ制度
> ・ネットバンキングによる一部繰上返済手数料の無料化
> ・預金残高分は金利がかからない預金残高連動型
> ・借換時に現在の残存返済期間に関係なく返済期間を最長35年にリスケできる
> ・申込時金利と実行時金利のいずれかの選択が可能
> ・変動金利から固定金利への金利タイプの変更が申込みから翌営業日に適用
> ・疾病保障保険の保険料が無料

☆勤務先ローン

●勤務先ローンの概要

勤務先の住宅ローンは、主に勤務先からの直接融資制度、利子補給制度、財形住宅融資制度（財形転貸制度）、紹介制度があります。勤務先によって制度内容に違いがあります。公務員や上場企業で数多く採用されています。

ただし、単純な金融機関紹介斡旋制度以外の制度では、転職時はもちろん定年退職も含めて退職時に一括返済をする必要があります。

- 直接融資制度：勤務先が自社の資金を使って、貸主として直接従業員に貸し付ける制度
- 利子補給制度：勤務先が金融機関と提携して、従業員向けに金利の一部を勤務先が負担するなどを提供する制度
- 財形住宅融資制度

　財形住宅融資の申込窓口は、会社員か公務員か、勤務先が財形住宅金融㈱に出資しているか否かによって違いがありますが、いずれも利子補給制度があります。なお、勤務先に財形融資制度がない場合のみ、住宅金融支援機構の財形融資制度を活用することになります。

- 会社員で勤務先が財形住宅金融㈱への出資をしていれば、財形住宅金融㈱が申込窓口
- 会社員で勤務先が独立行政法人勤労者退職金共済機構による転貸融資を導入している場合は、勤務先が申込窓口
- 公務員の場合は、共済組合が申込窓口

　融資内容は、住宅金融支援機構の財形住宅融資と同様に、以下のとおりとなります。

- 財形貯蓄残高の10倍以内で最高4,000万円（建設費または購入価額の80％以内）
- 5年固定金利制
- 申込時の金利が適用される

●金融機関紹介斡旋制度

　勤務先がメインバンクなどの依頼により、金融機関を紹介する制度です。優遇金利制度はありますが、その他の制度と違い利子補給などはありません。

住宅ローンに関わる保険商品の基礎知識
～火災保険と地震保険（仕組み、商品性、利用方法）～

ココがポイント！
1. 火災保険の補償対象は、建物と家財がある
2. 火災保険の保険金は、時価額と再調達額が選択できる
3. 火災保険は地震による損害には対応しておらず、地震による損害は、地震保険のみが対応している

☆火災保険

火災保険という名称が広く知れ渡っていますが、現在、火災保険を取り扱っている損害保険会社では、火災保険も含めて「住宅総合保険」等の商品をメインに販売しています。

なお、火災保険は、地震を原因とする火災の損害については、延焼による損害も含めて補償されていませんので、地震による損害については、地震保険への加入が必要になります。

◆図表1－6　火災保険の補償対象および保障される損害

補償対象	建物、家財
補償される損害	火災、破裂・爆発、落雷、建物外部からの物体の落下・飛来・衝突、漏水などによる水濡れ（みずぬれ）、騒じょう・集団行動等に伴う暴力行為、風災・ひょう災・雪災（20万円以上の損害が対象）、盗難による盗取・き損・汚損、水災

☆保険金額

時価額と再調達額が選択でき、特徴は、「図表1－7」のとおりです。

◆図表１－７　時価額と再調達額の特徴

時 価 額	家を新たに建築あるいは購入するのに必要な再調達額から経過年数による劣化額を差し引いた金額
再調達額	家が全損した場合、同等のものを新たに建築あるいは購入するのに必要な金額

　さらに、再調達額の場合には価額協定保険特約を付加するので、「再調達価額」で契約した場合に、全損しても自己負担することなく家を再建したり、新品の家財を購入できます。

　よって、時価額による保険金の設定よりも保険料は高くなりますが、現在では、価額協定保険特約付の再調達額で契約することがスタンダードとなっています。

　保険料は、建物の種類（木造、RC造など）、床面積、建物の所在地によって変わります。また、契約期間は１年からできますが、長期割引があることや住宅ローンの借入条件により、最長35年の長期にわたって契約する人がほとんどです。

　住宅ローン借入条件として、従前火災保険を質権設定することを必須とする金融機関がほとんどでしたが、近年は、火災保険の申込書の写しのみの提出で済む場合や、火災保険への加入自体を任意とする金融機関が増えています。

☆地震保険

　補償対象は建物本体と家財で、地震や火山の噴火、またはこれらによる津波が原因として発生した火災・損壊・埋没、または流失による損害を補償します。

　前述のとおり地震保険単体では契約することはできませんが、すでに火災保険に契約している場合であれば、途中からでも地震保険への加入は可能です。

民間保険会社が負う地震保険責任の一定額以上の巨額な地震損害については、政府が再保険することになっているので、地震保険の保険料はどこの損害保険会社でも金額は同じです（一部共済組合の地震保険を除く）。

　地震保険の保険金額は、火災保険の保険金額の30％〜50％の範囲内で決めることが可能ですが、建物は5,000万円、家財は1,000万円が上限です。また、以下は対象外です。

> ・住居用として使用されない建物
> ・1個または1組の価額が30万円を超える貴金属・宝石・骨とう品、通貨、有価証券等（小切手、商品券等）、預貯金証書、印紙、切手、自動車　など

　地震や火山の噴火、またはこれらによる津波が原因として発生した火災・損壊・埋没または流失により、保険に加入している建物または家財が全損、半損、一部損の3つの損害状況のいずれかになったときに、保険金が支払われます。

> ・全損：契約金額の100％（時価額が限度）
> ・半損：契約金額の50％（時価額の50％が限度）
> ・一部損：契約金額の5％（時価額の5％が限度）

　時価額とは時間の経過を考慮して、損害を時点での住宅や家財の評価額なので、保険金額が2,000万円の建物でも時間の経過によって時価が1,000万円になったり500万円になったりします。

　支払保険料は、毎年または2〜5年での一括支払となっており、建物が所在する都道府県によって保険料に違いがあります。

住宅ローンに関わる保険商品の基礎知識
～生命保険～

> **ココがポイント！**
> 1　生命保険は、主に5つのタイプがある
> 2　生命保険の適正な保険金額は、家庭の必要保障額をもとにする必要がある
> 3　ライフイベント（結婚、出産、住宅取得・購入、子供の独立など）があるときに、必要保障額は大きく変化する

☆生命保険の種類

　生命保険の被保険者が死亡したときに、保険金受取人は、保険会社から死亡保険金を受け取ることができます。保険期間や保険金の受取方法によって、生命保険にはいろいろな種類があります。

●終身保険

　被保険者（世帯主）が亡くなるまで、一生涯保障されます。死亡保険金は、原則として全額一時金で受け取ります。保険料が他の生命保険と比較して高いので、通常は葬式代などの費用を目的として、保険金額は、100～500万円とするのが一般的です。

●定期保険

　保険期間は、一定期間（通常は10～20年）となります。死亡保険金は、原則として全額一時金で受け取ります。保険料は掛捨てとなるので、終身保険と比較して同じ保険料でも死亡保険金を多く設定することができます。よって、遺族の生活費、住居費、教育費を目的として、保険金額は、数千万円単位となることが一般的です。

●逓減定期保険

　保険期間は、一定期間（通常は10～20年）となります。定期保険と同様に

一定期間となりますが、時間の経過とともに死亡保険金が減っていきます。死亡保険金は、原則として全額一時金で受け取ります。被保険者（世帯主）が死亡した場合に遺族にとって必要となる死亡保険額は時間の経過とともに減少するので、それに合わせた必要な保障を得るための生命保険です。

●収入保障保険

他の生命保険の死亡保険金は一時金で受け取りますが、収入保障保険は、遺族年金と同様な形態で遺族が死亡保険金を分割で受け取ります。被保険者（世帯主）が死亡した場合に遺族にとって必要となる死亡保険額は、時間の経過とともに減少します。

●養老保険

定期保険による死亡保障と満期時に満期保険金を受け取れる、貯蓄を兼ねた生命保険です。死亡保障と貯蓄の両方の保障があるため、他の生命保険とくらべて保険料は最も高くなります。

☆必要保障額の考え方

そもそも生命保険の必要死亡保障額は、被保険者（世帯主）の年齢、家族構成によって違いがあります。特に賃貸生活から住宅取得・購入をしたときに住宅ローンの団体信用生命保険に加入すると、万が一の場合の遺族の住宅ローンの返済が免除されるため、必要保障額が下がることから生命保険の見直しは必須といえます。

> ・必要死亡保障額＝遺族の収入の累計額－遺族の支出の累計額
> ・遺族の収入：死亡退職金、遺族年金、遺族の給与収入など
> ・遺族の支出：生活費、教育費、住居費（家賃または住宅ローン返済や住宅維持費）

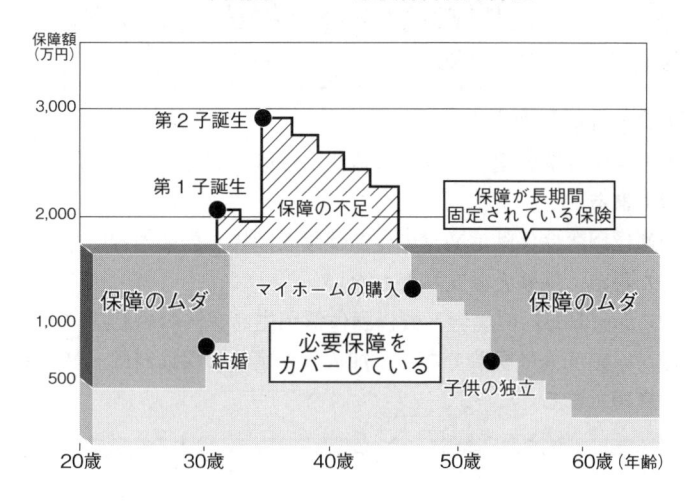

住宅ローンに関わる保険商品の基礎知識
～生命保険～

◆図表1－8　必要保障額の算定

よって、必要保障額は結婚、子供の誕生のときに増えますが、マイホームの購入や子供の独立の時に大きく減少し、かつ被保険者（世帯主）の年齢の経過とともに減少していきます。

住宅ローンに関わる保険商品の基礎知識
～団体信用生命保険（通称「団信」）～

ココがポイント！

1. 民間金融機関の場合、団体信用生命保険への加入は、一般的に必須である
2. 団体信用生命保険は通常の生命保険と同様、告知内容に虚偽があった場合、保険金は支払われない
3. 【フラット35】の場合、機構団体信用生命保険特約制度（機構団信）への加入は必須でなく、加入した場合の保険料は、契約者自己負担となる

☆団体信用生命保険とは

　住宅ローンの貸主の金融機関が保険契約者、保険金受取人、住宅ローンの契約者が被保険者となる生命保険契約で、保険期間は、住宅ローン完済時までとなります。

　保険料は金融機関が負担するのが一般的で、住宅ローンの契約者の負担はありません。住宅ローンの返済中、住宅ローンの契約者が死亡または高度障害状態になった場合、保険会社から金融機関に対して、その時点の住宅ローンの残債と同額の保険金（ローン残高に相当）が支払われ、その後、住宅ローンの契約者または遺族は、住宅ローンの返済することはありません。

　団体信用生命保険は、金融機関が定めている生命保険会社が引受けをするので、加入の可否は団体信用生命保険申込書兼告知書をもとに、生命保険会社が診査を行います。告知書の記入内容は、引受けをする生命保険会社によりますが、病歴についての告知が必要になります。

　告知内容に虚偽があった場合、他の生命保険と同様に保険金が支払われないので、申込者には告知内容に虚偽がないこと、虚偽があった場合は保険金

> - 過去3ヵ月以内に医師の治療（指示や指導を含む）や投薬を受けたことあるか
> - 過去3年以内に下記の病気で手術を受けたか、2週間以上にわたり医師の治療（指示や指導を含む）・投薬を受けたことがあるか
> - 狭心症、心筋梗塞、心臓弁膜症、先天性心臓病、高血圧症、不整脈、その他心臓病
> - 脳卒中（脳出血、脳こうそく、くも膜下出血）、脳動脈硬化症、その他脳の病気
> - 精神病疾患、てんかん、アルコール依存症、薬物依存症
> - ぜんそく、慢性気管支炎、肺結核
> - 胃潰瘍、十二指腸潰瘍、潰瘍性大腸炎、すい臓炎
> - 肝炎、肝硬変、肝機能障害
> - 腎炎、ネフローゼ、腎不全
> - 緑内障、網膜の病気、角膜の病気
> - ガン、肉腫、白血病、腫瘍、ポリープ
> - 糖尿病、リウマチ、膠原病、貧血症、紫斑病
> - 子宮筋腫、子宮内膜症、乳腺症、卵巣のう腫
> - 手や足の欠損または機能の障害。または背骨（脊柱）・視力・聴力・言語・そしゃく機能などの障害

が支払われないこと、団体信用生命保険に加入できない場合は、住宅ローンの借入れができないことを事前によく説明する必要があります。

　なお、住宅金融支援機構の【フラット35】と財形住宅融資については、民間金融機関と違い、団体信用生命保険への加入が必須ではありません。【フラット35】の団体信用生命保険は、機構団体信用生命保険特約制度（機構団信）のみで、保険料は契約者負担となります。保険料は、住宅ローン残高によって毎年1回の支払いが必要となります。

住宅ローンに関わる保険商品の基礎知識
～疾病保障付住宅ローン～

ココがポイント！
1 疾病保障付住宅ローンは、今や各金融機関で取り扱うようになった
2 疾病保障の商品内容は各金融機関によって違いがあり、特に保険金支払い条件については契約者への詳細説明の必要がある
3 医療保険の疾病保障との違いを理解する

☆疾病保障付住宅ローンとは

　住宅ローンの疾病保障は、特定の疾病となり所定の就業不能状態の条件（就業不能状態が一定期間以上など）を満たした場合、毎月の返済を保険金で返済する、または団体信用生命保険と同様にその時点の住宅ローン残債分の保険料が引受生命保険会社から住宅ローンの貸主である金融機関に支払われるという保険です。よって、就業不能になり給与が減額またはなくなったとしても、住宅ローンの返済を行う必要がなくなります。医療保険の疾病保障と比較する人がいますが、医療保険は入院または手術のときに保険金が支払われる保険なので保障内容がまったく異なります。

☆疾病保障付住宅ローンの商品性

　三大疾病保障といった場合、生まれてはじめてのがん（上皮内ガンを除く）、急性心筋梗塞、脳卒中が対象となります。これらの疾病以外も対象とするものもあり、対象の疾病が増えるほど、保険料は割高になります。
　保障対象となる疾病の範囲、保険料の支払方法（毎月保険料支払タイプまたは金利上乗せタイプ）、加入条件、保険金の支払条件や支払方法（毎月返済の代理返済か住宅ローンの残債免除など）など具体的な保障内容について

は、各金融機関によって多種多様の状態です。

　ちなみに就業不能となった場合、公的な保障として健康保険による傷病手当金があります。傷病手当金は、就業不能となって会社を休んでから最長1年6ヵ月、標準報酬月額の2/3が支払われる制度（国民健康保険は、自治体により傷病手当金がない場合もあります）がありますが、民間保険会社の保険商品で就業不能となった場合、住宅ローンの特約と同様の就業不能保険を取り扱っている保険会社は、ほとんどない状態です。

　なお、医療保険の保障内容は、入院期間に対する保障や手術時の一時金を対象としているので、自宅療養中は保障の対象となっていません。

住宅に関する諸費用と税務の基礎知識
~取得・購入時~

> **ココがポイント!**
> 1 住宅取得・購入時の税金には、優遇制度がある
> 2 新築物件でも、仲介手数料がかかるケースがある
> 3 土地・建物、住宅ローン以外の諸費用も多数発生する

☆土地・建物に関する諸費用

●申込証拠金
購入申込をした段階で、申込証拠金(5~10万円が目安)が発生します。

●手付金
次に、売買契約時に手付金(価格の10~20%が目安)が必要となります。なお、申込証拠金は手付金に充当し、手付金は購入代金に充当されます。

●印紙税
売買契約時には、印紙税として売買契約書に貼付する印紙代がかかります。ただし、平成25年3月31日まで、契約書の内容によっては、軽減処置が設けられています。

◆図表1-9　不動産等の譲渡等にかかる印紙税

契約金額	本則税率	軽減後税率
1千万円超~5千万円以下	2万円	1万5千円
5千万円超~　1億円以下	6万円	4万5千円
1億円超~　5億円以下	10万円	8万円
5億円超~　10億円以下	20万円	18万円
10億円超~　50億円以下	40万円	36万円
50億円超~	60万円	54万円

住宅に関する諸費用と税務の基礎知識 ～取得・購入時～

●登録免許税

物件引渡時には、所有権を移転する登記が必要なので、登録免許税が発生します。

通常、登記は司法書士に依頼するので、実際は報酬も含めて司法書士へ支払いを行います。

> 土地の所有権移転登記：固定資産税評価額×税率2％

ただし、平成25年3月31日までは税率が1.5％に軽減されます。

> 建物の所有権移転登記：固定資産税評価額×税率2％

ただし、平成25年3月31日までは税率が0.3％に軽減されます。

> 建物保存登記
> （注文住宅による　　　：固定資産税評価額×税率0.4％
> 建物新築のとき発生）

ただし、平成25年3月31日までは、税率が0.15％に軽減されます。

なお、軽減処置を受けるためには、登記時にその住宅の所在する市町村等の証明書を添付する必要があります。

●仲介手数料

新築分譲マンションは、売主または売主の販売代理会社が販売するので仲介手数料は発生しませんが、分譲一戸建の場合に仲介会社が販売を行った場合、新築でも仲介手数料として物件価格×3％＋6万円（消費税別）の支払いが発生します。支払いのタイミングはケースバイケースですが、一般的に、契約時に一部、残金は物件引渡時に支払います。

●消費税

土地には消費税がかかりませんが、建物の物件価格や注文住宅の工事金額には消費税がかかります。また、仲介手数料にも消費税がかかります。

● 不動産取得税

不動産取得税は、都道府県税となります。

不動産取得税の納税方法は、購入した不動産が所在する都道府県から、不動産取得後に届く「納税通知書」を使用して金融機関で納付します。

> 不動産取得税：固定資産税評価額×税率４％

ただし、平成27年３月31日までは、土地および住宅とも税率が３％に軽減されます。また、土地の場合、平成27年３月31日まで固定資産税評価額を１／２にして計算します。新築の建物の場合には、登記上の床面積が50㎡以上240㎡以下の場合、1,200万円の控除額があります。

> 新築の建物の不動産取得税：(固定資産税評価額－1,200万円)×３％

中古住宅の場合は、建築時期によって違いがありますが、一定の条件を満たせば一定の控除額があります。土地の場合も建物と同様に、一定の条件を満たすと、軽減処置が適用されます。

> 土地の不動産取得税軽減処置
> 不動産取得税＝(固定資産税評価額×１／２×３％－控除額(下記
> 　　　　　　　ＡかＢの多い金額)
> Ａ＝45,000円
> Ｂ＝土地１㎡当たりの価額※×(床面積×２(200㎡限度))×
> 　　３％

※　平成27年３月31日までに宅地等を取得した場合は、価格を1/2にした後の額から１㎡当たりの価格を計算する。

なお、不動産取得税の軽減処置を受けるためには、対象となる不動産を取得後、一定期間内に都道府県税事務所に対して、不動産取得税申告書と必要書類を提出する必要があります。一方、不動産取得税申告書がなくても不動産取得税の軽減処置を適用する場合もあるので、手続き方法については、必

ず都道府県税事務所（東京23区は都税事務所）に確認が必要です。

☆住宅ローンに関する諸費用

住宅ローンに関する諸費用は、物件の代金決済時、住宅ローンの抵当権の設定と実行が行われるときに、一緒に支払いが行われます。

●印紙税

売買契約書や工事請負契約書と同様に、金銭消費貸借契約書（住宅ローン契約書）にも印紙税が発生します。軽減処置も土地建物に関する諸費用と同様にあります。

●事務手数料・融資手数料

借入れ時の手数料として、数万円の定額制、または借入金額に対して一定率をかけた定率制があります。

●保証料

信用保証会社の信用保証を受ける場合、借入金額、返済期間、借入者の属性によって保証料が決まります。

なお、信用保証会社の信用保証なしのプロパー貸しの住宅ローンを行っている一部の民間金融機関や、【フラット35】は、保証料が必要ありません。

●抵当権登記費用（担保設定費用）

抵当権設定には、登録免許税が発生します。所有権の保存・移転登記と同様に、司法書士に登記を依頼するので、報酬も含めて支払いを行います。

> 抵当権登記費用：借入金額×税率0.4％

ただし、平成25年3月31日までは、税率が0.1％に軽減されます。

☆【フラット35】独自の費用

●団体信用生命保険

民間金融機関は、金融機関側が保険料を負担するので契約者の負担はあり

ません。

　【フラット35】において、機構団体信用生命保険特約制度（機構団信）へ加入した場合、保険料は、契約者負担となります。保険料は、住宅ローン残高によって毎年１回の支払いが必要となります。

●【フラット35】適合証明書の発行手数料

　【フラット35】を借りるためには、住宅金融支援機構が指定する検査機関が発行する「【フラット35】適合証明書」が必要となります。その証明書を発行してもらうための費用として、検査機関によって費用に違いがありますが、新築木造の場合で２〜５万円がかかります。

☆その他の費用
●固定資産税・都市計画税の清算金

　固定資産税・都市計画税は、その年の１月１日時点での所有者が、すでに支払いをしているケースがほとんどです。よって、売買契約をして所有権を移転した日を起点にして、固定資産税・都市計画税の負担額を計算し、前所有者に支払います。

●提携ローン事務手数料

　住宅・販売事業者の提携ローンにより借入れをした場合、住宅・販売事業者に対して事務手数料として５万円前後の支払いが発生します。

●家財道具購入や引越しなど新居にかかる費用

　「旧公庫融資の利用者における消費実態に関する調査」によると、住宅取得・購入時に家財道具など耐久消費財の購入金額の平均は、１世帯当たり173.4万円となっています。

　新居に合わせた照明器具や冷暖房機器、電化製品、カーテンの購入費用を合計すると、最低でも100万円程度かかります。また、引越し費用も数十万円程度かかるので、購入時の諸費用の予算として考慮しておらず、当初の予算をオーバーするケースがよくあります。

住宅に関する諸費用と税務の基礎知識
～保有時～

ココがポイント！
1. 固定資産税と都市計画税の内容と、軽減処置を理解する
2. 住宅の形態によって、維持費用に違いがある
3. 住宅ローン減税の詳細を理解する

☆土地・建物についての諸費用

●固定資産税・都市計画税

　固定資産税は、毎年1月1日時点の土地・建物の所有者（固定資産税課税台帳に登録されている人）に対して、市区町村が課税します。また、都市計画税は、毎年1月1日時点の都市計画区域内にある土地・建物などの所有者に対して市区町村が課税します。納税は送られてくる納税通知書により固定資産税と一括して納税し、金融機関などで支払いが可能です。支払方法は、一括払いまたは年4回の分納のいずれかを選べます。

●固定資産税の軽減処置

　平成26年3月31日までに新築された建物は、120㎡（登記上床面積）までの部分について、一般住宅の場合、建物の種類により3年間または5年間、固定資産税が1／2となります。

> ・3階建以上の耐火構造・準耐火構造住宅：新築後5年間
> ・一般の住宅（上記以外）：新築後3年間

●マンションの場合の維持費

　物件によって金額に違いがありますが、毎月修繕積立金と管理費の支払いがあります。また、専有部分の給湯器など一部の設備は、10年後ごとに自分

第1章　住宅ローン推進のための基礎知識

で修繕や交換費用が発生します。

●一戸建の場合の維持費

マンションのように、毎月修繕積立金と管理費の支払いは発生しませんが、新築後、10～20年後には壁や屋根の塗替え、水周りの設備の交換などが発生します。費用は建物の状態によりますが、100～200万円が目安となります。

☆住宅ローン減税（住宅借入金等特別控除）

●住宅ローン減税の概要

住宅ローン減税の正式名称は、「住宅借入金等特別控除」といいますが、通常は「住宅ローン減税」、「住宅ローン控除」、「住宅減税」という名称で呼ばれています。なお、住宅ローン減税を受けるためには、源泉徴収を受けている会社員や公務員も入居した年の翌年に確定申告を行う必要があります。1回確定申告をすれば、年末調整にて適用を受けることができます。

住宅ローン減税とは、取得・購入する住宅と借入れをする住宅ローンが一定の条件を満たす場合、入居した年から10年間にわたり、毎年の年末における住宅ローン残高に控除率をかけた金額について、所得税の納税額から減税されます。所得税において控除しきれなかった金額がある場合は、翌年度の住民税から住宅ローン控除が、最大9.75万円適用されます。

住宅ローン減税の最大減税額は、「図表1－10」のとおりです。

◆図表1－10　　住宅ローン減税

一 般 住 宅			
入 居 年	平成22年	平成23年	平成24年	平成25年
控除期間	10年			
住宅ローン対象残高	5,000万円	4,000万円	3,000万円	2,000万円
控除率※（毎年）	1.0%			
最大控除額（毎年）	50万円	40万円	30万円	20万円
最大控除額（合計）	500万円	400万円	300万円	200万円

※　「控除率」とは住宅ローンの毎年の年末残高に対して控除額を計算する掛け目です。

ただし、所得税と毎年の年末における住宅ローン残高借入金額によるので、実際の減税額は、個別に計算する必要があります。

●具体的な住宅ローン減税額の事例

事例の世帯は、住宅ローン減税を受ける10年間の年収が一定で、配偶者控除または配偶者特別控除、また扶養控除がない世帯とします。2011年以降、「長期住宅」に入居した場合の住宅ローン減税の合計額について、住宅ローンの借入残高3,000万円、4,500万円、6,000万円を借りたケースにわけて比較してみます。住宅ローンの内容は、全期間固定金利型3％、返済期間35年、元利均等返済、ボーナス返済なし、繰上返済なしとします。

◆図表1-11　住宅ローン減税額の合計額の概算

世帯主の年収	入居年が平成23年の場合		
	住宅ローンの借入額		
	3,000万円	4,500万円	6,000万円
500万円	約239万円	約239万円	約239万円
750万円	約325万円	約483万円	約510万円
1,000万円	約325万円	約487万円	約598万円

世帯主の年収	入居年が平成24年の場合		
	住宅ローンの借入額		
	3,000万円	4,500万円	6,000万円
500万円	約239万円	約239万円	約239万円
750万円	約270万円	約392万円	400万円
1,000万円	約270万円	約392万円	400万円

世帯主の年収	入居年が平成25年の場合		
	住宅ローンの借入額		
	3,000万円	4,500万円	6,000万円
500万円	約239万円	約239万円	約239万円
750万円	約270万円	300万円	300万円
1,000万円	約270万円	300万円	300万円

◆図表1-12　一般住宅と認定長期優良住宅の比較

		一般住宅				認定長期優良住宅			
		居住開始年	控除対象限度額	控除率	控除期間	最大控除額	居住開始年	控除対象限度額	控除率	控除期間	最大控除額
所得税※1 (ローン減税)		平成21 平成22 平成23 平成24 平成25	5,000万円 5,000万円 4,000万円 3,000万円 2,000万円	10%	10年間	500万円 500万円 400万円 300万円 200万円	平成21 平成22 平成23 平成24 平成25	5,000万円 5,000万円 5,000万円 4,000万円 3,000万円	1.2% 1.0%	10年間	600万円 600万円 600万円 400万円 300万円
所得税※2 (投資型減税)							標準的な性能強化費用総額(上限1,000万円)の10%相当額を、その年の所得税額から控除			
登録免許税		①保存登記　　　　1.5/1,000 ②移転登記　　　　3.0/1,000 ③抵当権設定登記　1.0/1,000					①保存登記　　　　1.0/1,000 ②移転登記　　　　1.0/1,000 ③抵当権設定登記　1.0/1,000			
不動産取得税		1,200万円控除					1,300万円控除			
固定資産税		【一戸建】　1～3年目　1/2軽減 【マンション】1～5年目　1/2軽減					【一戸建】　1～5年目　1/2軽減 【マンション】1～7年目　1/2軽減			

※1　控除額が所得税額を超える場合、一定額を、個人住民税から控除できます(当該年分の所得税の課税総所得金額等に5%を乗じて得た額(最高9.75万円)を限度)。
※2　控除額がその年の所得税額を超える場合は、翌年分の所得税額から控除ができます。

☆繰上返済や金利タイプ変更手数料

　返済期間中、繰上返済を行う場合、繰上返済手数料がかかります。繰上返済の金額や返済中の金利タイプによって、繰上返済手数料が数千円から数万円かかります。近年では、インターネットやテレホンバンキングでの手続きを行う場合、繰上返済手数料を無料にする金融機関が増えています。

　なお、【フラット35】は、1回の繰上返済手数料の最低金額が100万円以上と決められていますが、繰上返済手数料は無料となっています。

　また、民間金融機関の場合、金利タイプを一定期間固定金利選択型から変動金利型に切り替える場合、手数料の支払いが必要なケースがあります。

▼参　考：認定長期優良住宅の場合の税制優遇制度

　　国土交通省の政策により、認定長期優良住宅の認定を受けると、一般住宅よりも有利な税制優遇を受けることが可能です。

住宅に関する諸費用と税務の基礎知識
～売却時～

ココがポイント！
1. 土地・建物を売却して譲渡益がでると譲渡所得が課税される
2. 譲渡所得の税率は、売却した土地・建物の保有期間によって違いがある
3. 譲渡所得には、譲渡益が出た場合も譲渡損が出た場合のいずれも特例がある

☆売却時に課税される税金および特例等
●譲渡所得

不動産等を売却したことによって生じた所得には、譲渡所得が課税されます。譲渡所得は分離課税となっており、他の所得と分離して所得税と住民税が課税されます。なお、譲渡所得がマイナスの場合には、課税されることはありません。譲渡所得の計算は、以下のように行います。

$$譲渡所得＝譲渡収入金額^{※1}－（取得費^{※2}＋譲渡費用^{※3}）$$

- ※1　譲渡収入金額：土地・建物の売却代金、固定資産税・都市計画税の清算金。
- ※2　取得費：土地建物の購入金額と取得・購入時の費用を合計した金額から建物の減価償却費を差し引いた金額または譲渡収入金額×5％のうち大きいほうの金額を使用。
- ※3　譲渡費用：売却のためにかかった費用（仲介手数料、登記費用、立退き料など）。

譲渡所得がプラスの場合は、課税されます。納税額は以下のように計算され、売却した土地・建物の所有期間によって、税率が変わります。譲渡した年の1月1日現在において、所有期間が5年以下の場合は短期譲渡所得に該当して税率が39％（所得税：30％、住民税9％）、5年を超える場合は長期

譲渡所得に該当して税率が20％（所得税：15％、住民税5％）適用されます。

$$譲渡所得税額＝課税譲渡所得\times 税率(所得税・住民税)$$

●譲渡所得にかかる特例等

譲渡所得がプラスの場合、一定の条件を満たせば、以下の特例（不動産等にかかるもの）を活用できます。

- 3,000万円特別控除の特例
- 10年超所有軽減税率の特例
- 特定居住用財産の買換え特例

譲渡所得がマイナスになった場合も、一定の条件を満たせば、以下のいずれかの特例（不動産にかかるもの）を活用できます。

- 居住用財産の買換え等の場合の譲渡損失の損益通算及び繰越控除
- 特定居住用財産の譲渡損失の損益通算及び繰越控除

◆図表1－13　譲渡所得にかかる特例のフローチャート

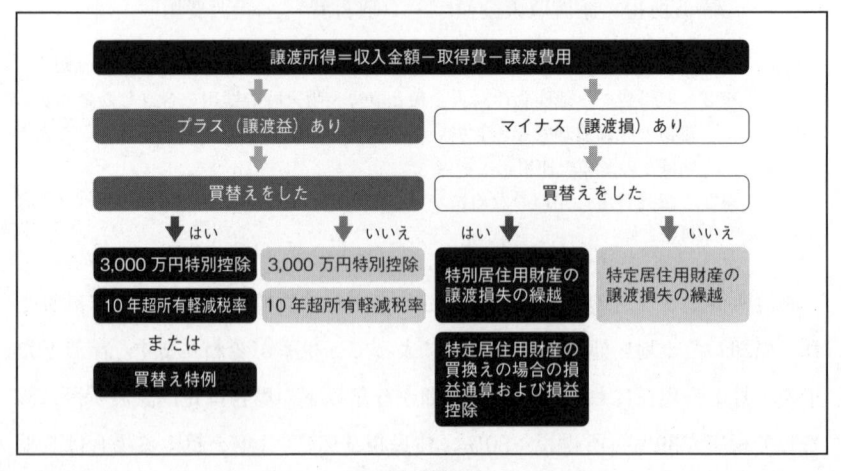

```
譲渡所得＝収入金額－取得費－譲渡費用
      ↓                    ↓
プラス（譲渡益）あり      マイナス（譲渡損）あり
      ↓                    ↓
   買替えをした           買替えをした
   ↓       ↓            ↓         ↓
  はい     いいえ        はい      いいえ
3,000万円  3,000万円    特別居住用財産の  特定居住用財産の
特別控除   特別控除     譲渡損失の繰越   譲渡損失の繰越
10年超所有 10年超所有
軽減税率   軽減税率    特定居住用財産の
  または              買換えの場合の損
 買替え特例           益通算および損益
                     控除
```

住宅に関する諸費用と税務の基礎知識
～贈与税と住宅購入・取得時の特例制度～

🏠ココがポイント！

1. 贈与税は、1月1日から12月31日の1年間で贈与を受けた金額によって課税される
2. 贈与税の基礎控除額は110万円で、それを超えた贈与を受けた場合に贈与税が発生する
3. 住宅購入・取得時には、贈与税の時限立法ながら特例制度がある

☆贈与税（暦年課税）

　贈与税は、贈与によって個人から財産を受け取った人に課税されます。不動産購入資金を贈与されたときだけでなく、土地や建物などの不動産などの資産を無償でもらったときにも、贈与税がかかります。

　なお、夫婦や親子、兄弟姉妹などの扶養義務者の間で、生活費（通常の日常生活に必要な費用）や教育費（学費や教材費、文具費など）のために取得した財産は、贈与税の対象となりません。

　贈与税が課税される者は、毎年1月1日から12月31日までの1年間の贈与財産の合計額に対する贈与税を翌年2月1日より3月15日までの期間に申告して納税をします。

　なお、贈与税には110万円の基礎控除額があり、基礎控除額以下の贈与であれば、申告は必要ありません。

> 納税額＝（贈与財産価額の合計額－110万円）×税率－控除額

　贈与財産価額の合計額が1,000万円の場合、贈与税の納税額は、以下のとおりです。

◆図表1−14　贈与税の速算表

基礎控除後の財産価格の合計	税　率	控除額
200万円以下	10%	−
300万円以下	15%	10万円
400万円以下	20%	25万円
600万円以下	30%	65万円
1,000万円以下	40%	125万円
1,000万円超	50%	225万円

(1,000万円 − 110万円) × 40% − 125万円 = 231万円

　このように、贈与税の負担はとても大きいので、以下の制度を活用する方法があります。

☆相続時精算課税制度の概要

　60歳以上の親から20歳以上の子（子が死亡している場合、20歳以上の孫を含む）への生前贈与について、贈与を受ける人の選択により、贈与時に贈与財産に対する贈与税を支払い、その後の相続時にその贈与財産と相続財産とを合計した価額をもとに計算した相続税額から、すでに支払った贈与税を控除することにより贈与税・相続税を通じた納税をすることができる制度です（年齢は贈与の年の1月1日現在のもの）。

　税率は、贈与時に支払う贈与税については、2,500万円まで非課税、2,500万円を超える部分について一律20%で課税され、贈与財産の種類、金額、使途、贈与回数については、特に制約はありませんが、贈与を受けた翌年に必ず確定申告が必要となり、110万円の基礎控除額は、使えなくなります。なお、平成26年12月31日までの贈与であれば、住宅取得時の特例として親の年齢に制約条件はありません。

　相続時精算課税制度を選択する場合は、将来相続税が発生するかどうか、発生する場合どのくらいの相続税が発生する可能性があるか、実際にどのく

らいの贈与税の納税資金を準備する必要があるかなど、検討しておく必要があります。

☆住宅取得等資金の特例制度

相続時精算課税制度とは別に、平成26年12月31日までの贈与であれば、暦年課税による「住宅取得等資金の特例制度」があります。この制度は、直系尊属である両親、祖父母などから住宅取得資金として贈与を受けた場合、建物に関する条件など一定条件を満たせば、基礎控除額110万円のほかに1,000万円（合計1,110万円）までが非課税となる制度です。この制度は、相続税精算課税制度と違い相続税と直接関係なく、また親の財産が減ることになるので相続税対策にもなります。

なお、相続時精算課税制度と組み合わせて使うことも可能です。ただし、相続時精算課税制度を使うと基礎控除額110万円が使えなくなるので、1,000万円＋2,500万円＝3,500万円まで贈与税が非課税となります。

なお、平成24年度税制改正により、適用期限の延長（平成26年12月31日まで）とともに以下のとおり変更されました。

◆図表1－15　平成24年度税制改正による住宅取得資金の特例の変更点

省エネルギー性・耐震性を備えた良質な住宅用家屋の場合

平成24年中に住宅取得等資金の贈与を受けた者	1,500万円
平成25年中に住宅取得等資金の贈与を受けた者	1,200万円
平成26年中に住宅取得等資金の贈与を受けた者	1,000万円

上記以外の住宅用家屋の場合

平成24年中に住宅取得等資金の贈与を受けた者	1,000万円
平成25年中に住宅取得等資金の贈与を受けた者	700万円
平成26年中に住宅取得等資金の贈与を受けた者	500万円

※　東日本大震災の被災者に対しては別途特例あり。

住宅ローンに関するコンプライアンスの基礎知識

> **ココがポイント!**
> 1 住宅ローンの広告におけるコンプライアンスを理解する
> 2 住宅ローン契約時は、重要事項説明に重点を置く
> 3 特に金利タイプのリスクについての説明は、重要となる

☆住宅ローンに関するコンプライアンス

　住宅ローンに関しては、「民法」、「個人情報保護法」、「消費者契約法」、「金融円滑化法」、「民事再生法」、「破産法」等の法令を熟知する必要があります。
　また、金融機関で個人向けに販売する商品のうち、運用商品については「金融商品販売法」で整備されていますが、この法律では住宅ローンが対象外となっているので、住宅ローンを推進するにあたっては、融資に関する法令の熟知と遵守だけでなく、顧客との信頼関係を構築しトラブルを回避するためにも、住宅ローンの営業や契約に関するコンプライアンスが特に重要となります。
　そこで、今回は融資関連法令を熟知していることを前提に、住宅ローンを推進にあたり、コンプライアンス上、特に留意が必要な項目を解説します。

☆広告に関するコンプライアンス

　住宅ローンに関する広告については、「不当景品類及び不当表示防止法」をもとに、全国銀行公正取引協議会がガイドラインを公表しています。
　住宅ローンに関しては、以下の2つのガイドラインが公表されています。
　●住宅ローンの表示に係る留意点と広告表示例
　広告表示を行うにあたっては、可能な限り平易な言葉で分かりやすく、か

つ正確な情報を媒体の種類やスペース等に応じた適切な方法により明瞭に表示するよう努め、一般消費者の誤認を招くような表示は行わないよう、十分留意することが必要になります（「図表1－16」、「図表1－17」参照）。

●疾病保障付住宅ローン等に係る表示についての留意点

疾病保障付住宅ローン等については、以下の点に留意する必要があります。

- ・保障を付与することのメリット（罹患した場合に診断給付金が支払われること）と、デメリット（通常の住宅ローンに一定の金利が上乗せされること）の文字バランスに配慮して表示すること
- ・診断給付金の支払いには制限があることをメリット事項の近くに表示するとともに、具体的な上乗せ金利を明示すること
- ・保障特約や診断給付金の支払いの対象外となる制限条項等を注意事項として目立たせて表示すること

☆契約に関するコンプライアンス

一般社団法人全国銀行協会では、「適正な消費者取引の推進」を実現するために、「消費者との契約のあり方に関する留意事項」を定めています。住宅ローンを含めた融資の契約時における重要事項説明の具体的な例として、以下の項目をあげています。

●融資にかかる金融商品の場合

融資にかかる金融商品の重要事項説明の具体的な項目は、以下のとおりです。

- ・適用金利、利率変更ルール等
- ・期間、返済・利払い等の方法、期限前返済の取扱いの可否およびその方法

> ・手数料に関する事項
> ・担保・保証に関する事項
> ・融資取引にデリバティブ取引が含まれているときは、商品内容やリスクに関する事項
> ・リボルビング方式の融資については、その返済の仕組み
> ・変動金利型または一定期間固定金利選択型の住宅ローンについては、全銀協の「住宅ローン利用者に対する金利変動リスク等に関する説明について」の申し合わせをふまえた、金利変動リスクについての十分な説明
> ・消費者が保証人となる場合については、保証の法的効果とリスク等
> ・個人信用情報機関への登録および登録情報の利用
> ・融資に際して書面で取得する個人情報の利用目的
> ・その他消費者の義務または負担に関する事項

●住宅ローン利用者に対する金利変動リスク等に関する説明

　住宅ローン利用者に対する金利変動リスク等に関する説明についての具体的な項目は、以下のとおりです。

　①変動金利型住宅ローンの場合

> ・金利変更の基準となる金利(基準金利)と基準金利の変更にともなう適用金利の変更幅に関する事項
> ・基準金利の見直し時期と基準金利の見直しにともなう新適用金利の適用時期に関する事項
> ・返済額の変更ルールに関する事項(一定期間ごとに返済額の見直しを行う場合、金利見直しとの関係、元利金の内訳、金利上昇局面では最終返済額にしわ寄せされる可能性等

◆図表1−16　金利表示にかかる住宅ローンパンフレットの記載例

注釈	内容
「優遇」との用語を使用せず、"▲"、"−（マイナス）"など、差を客観的に示す表現を使用。	
本金利は適用金利ではなく、店頭表示金利からの差であることが明確になるよう表示。	
金利は毎月見直されること等を金利と同一視野に明示。	
金利と同一視野に金利プランの適用条件について表示。	
表示金利は4月の場合の例であることを明確に表示。	
本金利プランの適用条件を明示。	
表示されている金利プランの内容（実際の適用金利との関係）を丁寧に説明。	

```
広告表示例（住宅ローン金利表示）

全国銀行
住宅ローン金利プランのご案内

当初3年固定                当初5年固定
お借入時点の店頭表示金利から  お借入時点の店頭表示金利から

年▲1.5%                  年▲1.6%

（例）平成21年4月お借入れの場合   （例）平成21年4月お借入れの場合
年1.40%                  年1.80%
（店頭表示金利 年2.90%）    （店頭表示金利 年3.40%）

※ご注意ください
★表示金利は平成21年4月にお借入れいただく場合の適用金利であり、金利は毎月見直しを行います。また、お申込み時ではなく実際にお借入れいただく日の金利が適用されます（お申込みとお借入れの関係につきましては、下記の図をご参照ください。）。
★下記「本金利プランの適用条件」を必ずお読みください。
★審査の結果によっては、ご融資できない場合、もしくは店頭表示金利を上限として上記お借入れ金利に一定金利を上乗せした金利を適用させていただくことがあります。
★適用金利は金利動向によっては月中に変わることがあります。

本金利プランの内容
下記の適用条件を満たすお客さまには、当初3年固定型の場合には1.5%、5年固定型の場合には1.6%を、お借入れ時点の店頭表示金利から差し引かせていただきます（上記のお借入れ金利を適用することをお約束するものではありません）。

（ご参考）お取引きの流れの例
ご購入物件決定　お申込み（お申込書提出）　審査　融資決定　物件完成　お借入れ　ご資金入金
　　　　　　　　　　　　　　　　　　　　　　　　　　　　＜この時点の金利が適用されます＞

本金利プランの適用条件
以下のすべての条件を満たされたお客さまを対象とさせていただきます。
①平成21年6月30日までにお申込みをいただいたお客さま
②平成21年9月30日までにお借入れのお客さま
③対象となる住宅ローンを新規にご利用いただくお客さま
④当行にて給与振込をご利用中または今後ご利用いただけるなど所定のお取引内容をご利用いただけるお客さま（必要なお取引内容について、詳しくは当行国内本支店窓口またはホームページにてご確認ください。）

【その他住宅ローンに関するご注意事項を裏面に記載しています。必ずご確認ください】
◎くわしくは窓口またはホームページの説明書をご覧ください。
　　　　　お問合せ先：全国銀行フリーダイヤル　0120−000−000
　　　　　　　　　　　　　　　　　　平成21年4月1日現在
```

（出所）全国銀行公正取引協議会「住宅ローンの表示に係る留意点と広告表示例」

◆図表１−17　疾病保障付の住宅ローンパンフレットの記載例

広告表示例（疾病保障付住宅ローン）

全国銀行
三大疾病保障付住宅ローン

新登場

「ガン」「急性心筋梗塞」「脳卒中」
と診断されたら、

住宅ローン残高０円！

住宅ローン残高が０円となるには所定の条件（※）があります。
また、住宅ローン金利は通常より年 0.3％高くなります。

ご注意ください！
★ご融資をさせていただく日から３ヵ月間は、保障特約の対象となりません。
★上皮内ガンは、診断給付金支払いの対象外となります。
★ガンに罹患したことのある方は加入いただけません。
★告知の内容により、保険会社が加入をお断りする場合があります。
★お申込み金額は最高 5,000 万円までとなり、また 3,000 万円を超えるときは、保険会社所定の診断書の提出が必要になります。

※　ご融資をさせていただいた日から３ヵ月を経過した日の翌日以降に、生まれて初めてガン（上皮内ガンを除く）に罹患したと医師により診断確定された場合、もしくは急性心筋梗塞、脳卒中を発病し、その疾病により初めて診療を受けた日から２ヵ月以上所定の状態（詳しくは裏面をご覧ください）が継続したと医師によって診断された場合には、診断時点のローン残高相当額が診断給付金として保険会社から全国銀行に支払われ、住宅ローン残高が０円になります。
○　診断給付金のお支払いには上記注意書き以外にも条件があります。ご加入にあたっては、「被保険者様のしおり」および「申込書兼告知書兼同意書」お客様控え裏面の重要事項を必ずご確認ください。
○　本住宅ローンでご利用いただく保険は、全国保険会社の引受けとなりますので、保険内容についてご不明な点については、「被保険者様のしおり」に記載のお問い合わせ先へご連絡ください。
○　お借り換えにもご利用いただけますが、当行で現在ご利用中の住宅ローンを本ローンに切り替えることはできません。

お問い合わせ先：全国銀行フリーダイアル　0120−000−000
平成 19 年５月１日現在

〔メリットとデメリット（上乗せ金利）の文字バランスに配慮して表示。〕

〔具体的な制限条項等を注意事項として目立たせて表示。〕

〔給付金の支払いには制限があることをメリット事項の近くに表示するとともに、具体的な上乗せ金利を明確に表示。〕

〔重要事項の説明や、引受会社、借換えによる注意事項等について表示。全体の仕組みについて図示することなども望ましい。〕

※　本事例は三大疾病保障付住宅ローンのものであり、注意事項等は、実際の商品内容（保障範囲）に応じた表示を行うこと。
（出所）全国銀行公正取引協議会「疾病保障付住宅ローン等に係る表示についての留意点」

> - 上記の金利、返済額の変更にともなう顧客宛通知方法に関する事項
> - 顧客が選択したローン商品の現在の適用金利が最後まで絶対水準であるとの誤認を防止する措置に関する事項（過去の適用金利の推移を提示する態勢を整備し、金利が上昇する可能性があることを説明する等）
> - 顧客が選択したローン商品の適用金利が将来上昇した場合の返済額の目安を提示することを目的とした、貸出時における適用金利とは異なる金利での返済額の試算結果に関する事項
> - 手数料等に関する事項（ローン契約時にかかる手数料、繰上返済手数料、条件変更手数料、約定返済遅延にともなう損害金等がある場合）
> - 利用者の照会窓口に関する事項

②一定期間固定金利型住宅ローン（固定金利期間を含むが全期間固定金利ではないもの）の場合

> - 一定期間固定金利選択型住宅ローンの商品性に関する事項（一定期間固定金利となり、固定金利期間中における利率、返済額が不変であること。固定金利期間中において中途で他の金利タイプへの変更ができないこと等）
> - 一定期間固定金利選択型住宅ローンを選択する手続方法に関する事項（提出する書類、選択可能時期等）
> - 適用する固定金利の金利確定時期に関する事項
> - 固定金利期間終了後の金利変更ルール、返済額の変更ルールに関する事項（固定金利期間終了後の適用金利が固定金利期間の適用金利より高くなる場合は、返済額が増加すること等、また、

> 　固定金利期間終了後に変動金利型住宅ローンとなる場合は、前記「①変動金利型住宅ローンの場合」も併せて説明）
> ・固定金利期間終了時の手続方法に関する事項（再度一定期間固定金利型を選択する場合、選択しない場合等、それぞれの手続方法や留意点等）
> ・手数料等に関する事項（前記「①変動金利型住宅ローン：手数料等に関する事項」のほかに、固定金利期間中の繰上返済にともなう手数料や精算金。固定金利期間終了後に、再度固定金利を選択する場合の手数料等がある場合）
> ・利用者の照会窓口に関する事項

● その他の注意点

　金融機関側は契約時に十分な説明を行っていても、契約者にとっては専門用語が多く、十分に理解していないケースが見受けられます。また、適用金利が上昇した場合、どのくらい返済額が増えるかという試算を行っていないため、金利見直し時に返済額が増えてクレームになる事例もあります。

　上記の記載にありませんが、最近は借入れ時に保証料一括支払いをした契約者が、繰上返済時の保証料の繰戻しにおけるルールについてくわしい説明がないため、繰戻しの保険料が少なすぎるというクレームも増えています。

第2章
新規住宅ローン推進の実践

集客方法のポイント
～顧客の属性把握および抽出、アプローチ～

ココがポイント！
1. 新規住宅ローンの推進は、住宅・販売事業者の影響が大きい
2. 見込み顧客の絞込みのひとつとして、既存個人取引先から賃貸居住者を抽出することは、有効な方法のひとつである
3. 職域営業を行う場合、自行の住宅ローン商品説明会ではなく、マイホーム取得・購入ための勉強会などの提案により他行との差別化を図ることも重要である

☆住宅ローン既存契約者の動向

　新規住宅ローンの推進を考えるにあたり、住宅ローンを新規で契約した人がどのようなルートで知ってどのような住宅ローンを選択したか、また、選んだポイントの分析も重要となります。住宅金融支援機構が年3回実施している「民間住宅ローン利用者の実態調査」などのアンケート調査を参考にして、動向を把握しておきましょう。

　「図表2-1」にあるとおり、利用した住宅ローンを知ったきっかけは、金融機関に対して住宅・販売事業者が約2倍と、住宅・販売事業者の影響が大きいことがわかります。また、最終決定への影響も同様に、住宅・販売事業者の影響が大きいのが現状です。

　要因としては、資金計画や住宅ローンの検討について、物件を見つける前でなく、物件を見つけてからその物件を取り扱っている住宅・販売事業者の提携ローンを利用して、実質的に住宅・販売事業者が住宅ローンの提案を行っているという仕組みが大きく影響しています。

　この仕組みに合わせた新規住宅ローンの推進方法を検討することも重要ですが、もともと顧客に住宅取得・購入者の予備軍を抱えている金融機関の影

集客方法のポイント
～顧客の属性把握および抽出、アプローチ～

◆図表２−１　民間住宅ローン利用者の実態調査

利用した住宅ローンを知るきっかけとして影響が大きかった媒体等

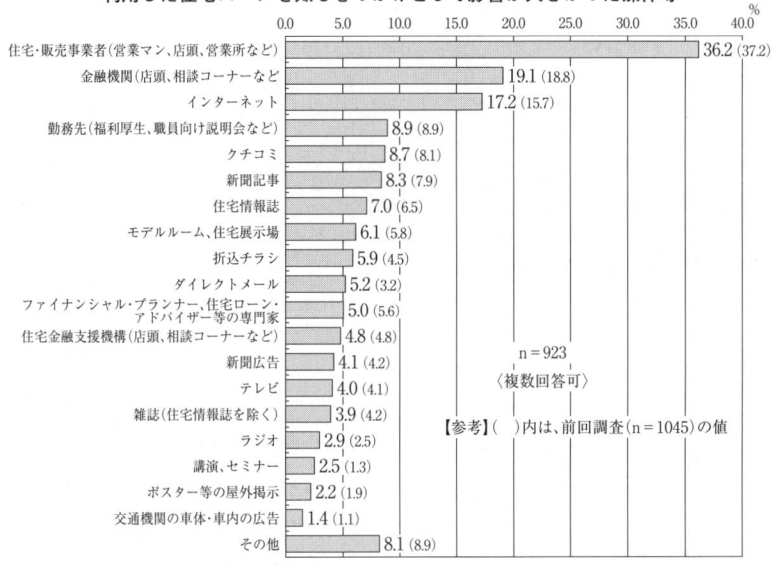

媒体	%
住宅・販売事業者(営業マン、店頭、営業所など)	36.2 (37.2)
金融機関(店頭、相談コーナーなど)	19.1 (18.8)
インターネット	17.2 (15.7)
勤務先(福利厚生、職員向け説明会など)	8.9 (8.9)
クチコミ	8.7 (8.1)
新聞記事	8.3 (7.9)
住宅情報誌	7.0 (6.5)
モデルルーム、住宅展示場	6.1 (5.8)
折込チラシ	5.9 (4.5)
ダイレクトメール	5.2 (3.2)
ファイナンシャル・プランナー、住宅ローン・アドバイザー等の専門家	5.0 (5.6)
住宅金融支援機構(店頭、相談コーナーなど)	4.8 (4.8)
新聞広告	4.1 (4.2)
テレビ	4.0 (4.1)
雑誌(住宅情報誌を除く)	3.9 (4.2)
ラジオ	2.9 (2.5)
講演、セミナー	2.5 (1.3)
ポスター等の屋外掲示	2.2 (1.9)
交通機関の車体・車内の広告	1.4 (1.1)
その他	8.1 (8.9)

n = 923 〈複数回答可〉
【参考】( )内は、前回調査(n = 1045)の値

利用した住宅ローン決定に際して影響が大きかった媒体等

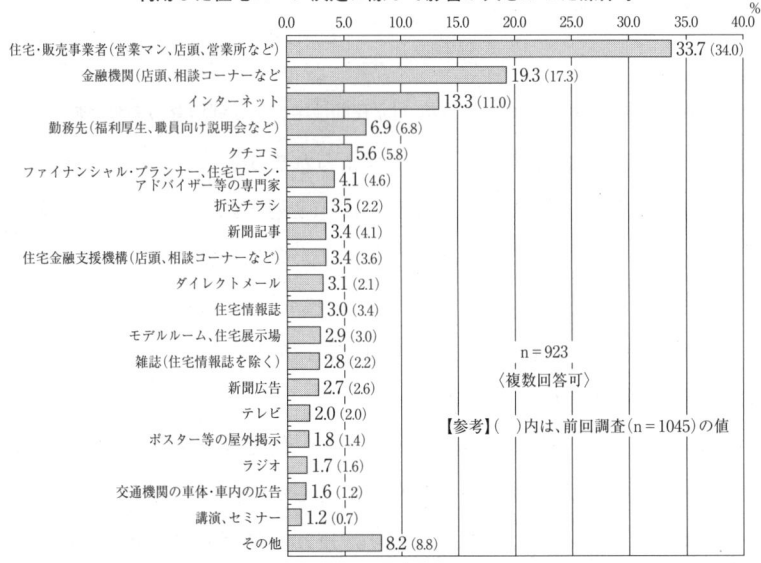

媒体	%
住宅・販売事業者(営業マン、店頭、営業所など)	33.7 (34.0)
金融機関(店頭、相談コーナーなど)	19.3 (17.3)
インターネット	13.3 (11.0)
勤務先(福利厚生、職員向け説明会など)	6.9 (6.8)
クチコミ	5.6 (5.8)
ファイナンシャル・プランナー、住宅ローン・アドバイザー等の専門家	4.1 (4.6)
折込チラシ	3.5 (2.2)
新聞記事	3.4 (4.1)
住宅金融支援機構(店頭、相談コーナーなど)	3.4 (3.6)
ダイレクトメール	3.1 (2.1)
住宅情報誌	3.0 (3.4)
モデルルーム、住宅展示場	2.9 (3.0)
雑誌(住宅情報誌を除く)	2.8 (2.2)
新聞広告	2.7 (2.6)
テレビ	2.0 (2.0)
ポスター等の屋外掲示	1.8 (1.4)
ラジオ	1.7 (1.6)
交通機関の車体・車内の広告	1.6 (1.2)
講演、セミナー	1.2 (0.7)
その他	8.2 (8.8)

n = 923 〈複数回答可〉
【参考】( )内は、前回調査(n = 1045)の値

第2章　新規住宅ローン推進の実践

借り入れた住宅ローンを選んだ決め手

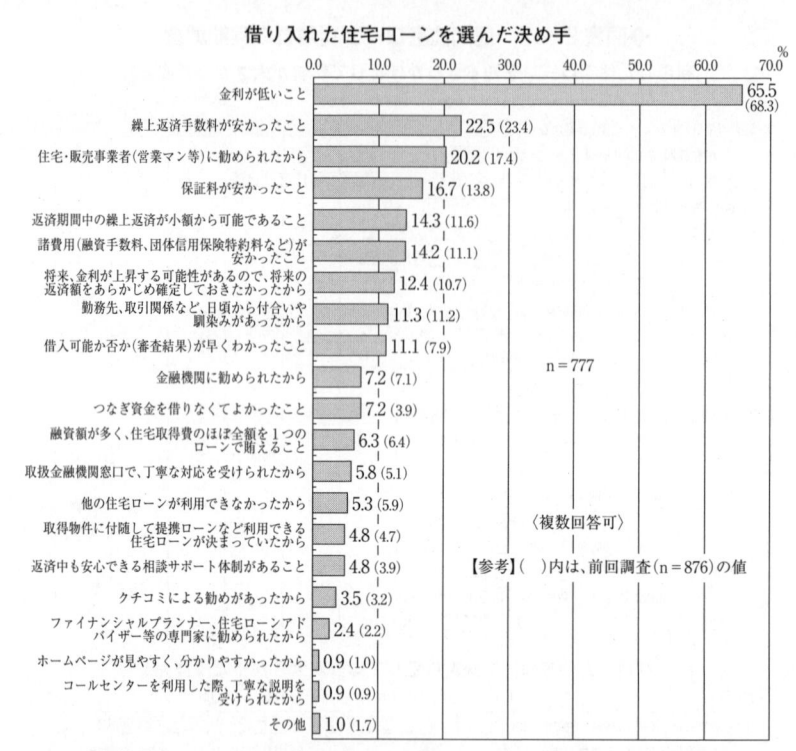

項目	%	(前回)
金利が低いこと	65.5	(68.3)
繰上返済手数料が安かったこと	22.5	(23.4)
住宅・販売事業者(営業マン等)に勧められたから	20.2	(17.4)
保証料が安かったこと	16.7	(13.8)
返済期間中の繰上返済が小額から可能であること	14.3	(11.6)
諸費用(融資手数料、団体信用保険特約料など)が安かったこと	14.2	(11.1)
将来、金利が上昇する可能性があるので、将来の返済額をあらかじめ確定しておきたかったから	12.4	(10.7)
勤務先、取引関係など、日頃から付合いや馴染みがあったから	11.3	(11.2)
借入可能か否か(審査結果)が早くわかったこと	11.1	(7.9)
金融機関に勧められたから	7.2	(7.1)
つなぎ資金を借りなくてよかったこと	7.2	(3.9)
融資額が多く、住宅取得費のほぼ全額を1つのローンで賄えること	6.3	(6.4)
取扱金融機関窓口で、丁寧な対応を受けられたから	5.8	(5.1)
他の住宅ローンが利用できなかったから	5.3	(5.9)
取得物件に付随して提携ローンなど利用できる住宅ローンが決まっていたから	4.8	(4.7)
返済中も安心できる相談サポート体制があること	4.8	(3.9)
クチコミによる勧めがあったから	3.5	(3.2)
ファイナンシャルプランナー、住宅ローンアドバイザー等の専門家に勧められたから	2.4	(2.2)
ホームページが見やすく、分かりやすかったから	0.9	(1.0)
コールセンターを利用した際、丁寧な説明を受けられたから	0.9	(0.9)
その他	1.0	(1.7)

n＝777
〈複数回答可〉
【参考】( )内は、前回調査(n＝876)の値

※ nは「回答数」
(出所)住宅金融支援機構「平成22年度第3回 民間住宅ローン利用者の実態調査」

響力がもっと発揮される余地があると考えられます。

　住宅ローンを選んだ決め手の上位2つは「金利が低いこと」、「繰上返済手数料が安いこと」となっています。たしかに、金利が低いことや手数料関係が安いことは、経済的な負担を軽減できるので決め手となる要因になります。ただし、住宅ローンは借入金です。本当に経済的な負担が少ないことだけが、決め手になってよいのでしょうか。

　経済的負担を軽減できることも重要ですが、住宅ローンは借入金なので、本来であれば、各個人の今度の年収や支出にもとづいて、将来に渡って持続性を持ち返済ができるかどうか、つまり、自分の返済計画にあっているという理由が、最優先されるべき項目です。

また、決め手の第3位に住宅・販売事業者から勧められたからとあります。住宅・販売事業者も適切な提案をしていると考えられますが、本来は住宅販売が専門であり、住宅ローンの提案などは住宅販売推進の一環として行っているのも事実です。一方、金融機関から勧められたからという理由は第10位で、住宅・販売事業者の約1/3という状況です。

従来のように住宅・販売事業者への提携ローンを通じた新規住宅ローンの獲得も重要ですが、住宅ローンを提供する金融機関としては、住宅ローンの提案や決定にもっと関与していく行動が必要です。

このような現状を踏まえ、新規住宅ローンの推進を検討していきましょう。

☆見込み顧客の堀起し

新規住宅ローン契約者の獲得方法の実態が住宅・販売事業者からの提携ローン等による紹介であることを考慮すると、営業店・支店での新規住宅ローン契約者の獲得は、既存個人取引顧客からの堀起しが現実的な方法となります。新規住宅ローンの第1のターゲットは、当然ですが、現在、賃貸居住者となります。この賃貸居住者は、家族世帯と単身世帯に細分化されます。

新規住宅ローンの見込み顧客を、集めるために、まずは既存個人取引顧客から見込み顧客を抽出して、データベース化し、さらに、既存取引の状況から、次の項目や家族取引の名寄せなどを行います。

・住所から賃貸物件と思われる契約者

・住所から住宅保有者と思われる契約者

・普通預金の取引移動明細などで家賃を支払っている契約者

・候補となる契約者の年齢（生年月日）、住所を抽出

・また性別が特定できる場合は性別も抽出

・家族名寄せなどにより家族世帯か単身世帯かの確認

◆図表2－2　見込み顧客の掘起し

既存個人取引顧客 → 賃貸居住者の抽出 → 見込み顧客のデータベース化

```
抽出項目
・住　　所
・賃貸または持ち家
・年　　齢
・性　　別
・家族世帯・単身世帯
```

☆具体的な集客方法
●賃貸住宅や社宅に住んでいる人

　ライフプラン上、家族世帯の場合は30代前半から40代、単身世帯は30代後半から、住宅取得・購入計画の可能性が高まります。

　そこで、見込み顧客のデータベースを活用して、見込み顧客へのアプローチを行います。

　すでに、取得・購入物件を検討中、または決定している見込み顧客であれば、既存の方法をもとに、住宅ローンの告知で集客ができるかも知れません。しかし、すでに提携ローンによる囲込みが行われている可能性が高く、新規の見込み顧客を集客できる確率が低いのが実態です。

　よって、住宅ローンの新規の見込み顧客を獲得するためには、マイホーム取得・購入の行動を起こした後ではなく、その前からのアプローチが必要です。

　そこで、具体的な集客方法を考えてみましょう。

　現在、賃貸物件に住んでいる人がマイホームを取得・購入する動機として主な理由は、以下のようなものです。

　①家族世帯

・子供が生まれて今の住まい（賃貸物件）が手狭になった
・子供の学区を考え、就学前にマイホームを取得・購入したい

②単身世帯

> ・老後のことを考えて、マイホームを取得・購入しておきたい

　また、時間をかけて十分な準備をして行動を起こすのではなく、まずは分譲マンションや一戸建、分譲地などのチラシを見て行動を起こし、次にモデルルームやモデルハウスを見学するなどをして、実質的には後付けで資金計画を行ったり、住宅ローン返済計画を検討する人がとても多いのが実態です。
　言い換えると、まずは「物件ありき」で資金計画や住宅ローンの具体的な検討は後回しとなり、住宅・販売事業者（住宅会社販売会社、ハウスメーカー、地場工務店など）が主導権を持って資金計画や住宅ローンの提案を行っているのが実情です。
　そこで、住宅・販売事業者が主導権を持つ前に、既存個人取引顧客へのサービスの一環として、積極的にライフプラン上でのマイホーム取得・購入のためのサポートを展開することが有効的な方法の1つとなります。
　具体的には、作成したデータベースをもとに個別訪問による提案や相談活動をはじめ、ダイレクトメールなどの告知活動を行い、住宅ローン相談会だけでなく、住宅購入・取得のためのセミナーや相談会を定期的に開催します。
　住宅購入・取得のためのセミナーや相談会では、金融機関の特性を活かして以下のようなテーマが有効です。

> ・資金面でみた一生賃貸派とマイホーム取得・購入派のメリット・デメリット
> ・住宅形態別の安心できる資金計画の立て方と自己資金の貯蓄方法
> ・住宅ローンの正しい検討方法
> ・マイホーム取得・購入時の税金と節税方法

　この相談会については、単発のイベントではなく、場合によっては、回数

を分けて開催するスクーリング形式で行うことを検討する必要があるでしょう。また、参加者へのアンケートの実施などを行ったり、定期的な情報提供も含めた「マイホーム取得・購入倶楽部」などの会員制を構築することで、より精度の高い見込み顧客のデータベース化が可能です。

●すでに住宅取得・購入済みの人

現在、すでにマイホームを取得・購入されている人に対する営業工作の切り口は、通常「リフォーム」になります。特に取得・購入後20年以上で、世帯主の年齢が50代以降の人がターゲットになります。これらの人は、以下の理由でリフォームの可能性が高まります。

・建物自体の老朽化
・子供の独立など、ライフスタイルの変化による間取り変更

また、リフォームに関しては各自治体での助成金や補助金、また税制上の優遇制度等が設けられています。

年齢的に考えても、新規での住宅ローンやリフォームローンのニーズは低いかもしれません。しかし、住まいに対するニーズ変化に関するヒヤリングや助成金などの情報提供を行っていくことによって、なかには二世帯住宅への建替えなど、住宅ローンに結びつく可能性がある見込み顧客を掘り起こせる可能性があります。

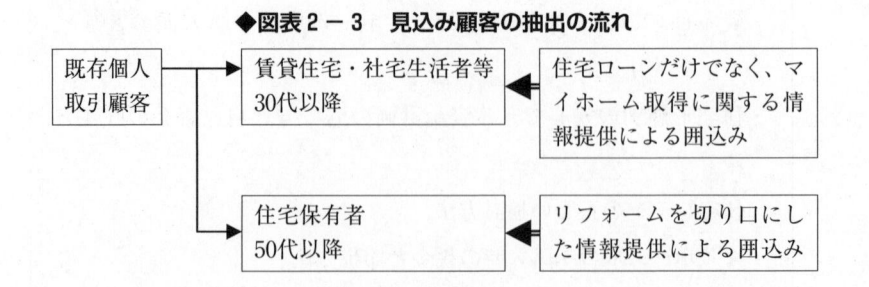

◆図表2－3　見込み顧客の抽出の流れ

既存個人取引顧客	賃貸住宅・社宅生活者等 30代以降	住宅ローンだけでなく、マイホーム取得に関する情報提供による囲込み
	住宅保有者 50代以降	リフォームを切り口にした情報提供による囲込み

既存個人取引顧客とその金融機関との信用関係は、住宅・販売事業者よりも強い関係があります。その優位性を活かして早めの囲込み活動が、新規住宅ローンの獲得に結びつくことになります。

また、住宅ローンという個別の商品のみを提案することでは、見込み顧客の取込みに限界があります。個人取引を維持するためにも、個人取引のメインバンクとして「ライフプランをサポートする」という観点から情報提供を行い、見込み顧客の囲込み活動をすることが重要となります。

◆図表2－4　裾野の拡大による見込み顧客の掘起し

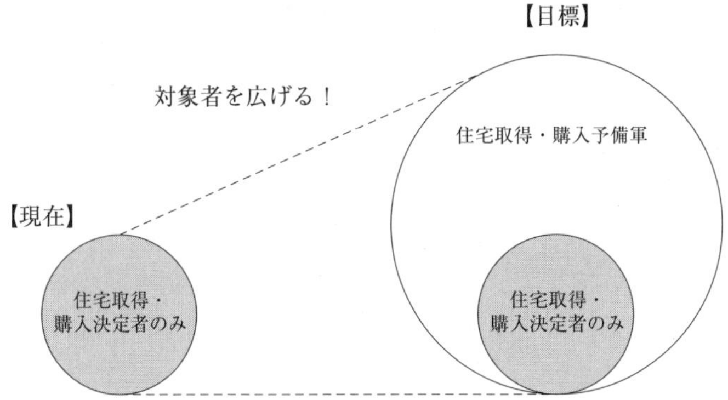

【目標】

対象者を広げる！

住宅取得・購入予備軍

【現在】

住宅取得・購入決定者のみ

住宅取得・購入決定者のみ

●個人取引がない新規顧客の取込み方法

住宅・販売事業者の提携ローン等の紹介以外で、既存取引がまったくない個人を獲得する現実的な方法は、法人等の既存取引先への職域営業が有効的な方法といえます。従業員を抱える法人や公務員の職域営業は、従来どおり大切なルートとなります。

しかし、法人の場合は終身雇用が少なくなって人材の流動化が進んでいるため、法人と従業員への接点が少なくなっており、以前と比較して職域営業からの住宅ローンの獲得が減少傾向にあります。また公務員の職域営業も他の金融機関との競争が激化しているため工夫が必要です。

そこで、従来型の住宅ローンのチラシによる情報提供や住宅ローン相談会

の開催により職域営業で広めるのではなく、個人取引の方法と同様に、「ライフプランをサポートする」という観点からの情報提供と、見込み顧客の囲込み活動が重要となります。住宅ローンだけでなく、マイホーム取得・購入、保有あるいは買却などに関するトータル的な資金計画や税制などの情報提供を行うことにより、他の金融機関の職域営業との差別化を図りましょう。

　また、法人だけでなく、従来どおり公務員の職域も重要な営業工作先です。各共済会は、住宅取得サポートとして住宅ローンなどの情報提供を行っていますが、提携している金融機関の住宅ローンがメインとなるため、その商品性において活性化していないケースが見受けられます。そこで、法人の職域営業と同様に、窓口である共済会などに対して、最初から自行の住宅ローンの説明を行うのではなく、「ライフプランをサポートする」という切り口で、全般的なマイホーム取得・購入のための講習会などを提案することが重要です。

集客方法のポイント
~住宅・販売事業者との連携~

ココがポイント!

1　住宅・販売事業者は、大手分譲メーカー、地場住宅・販売事業者、ハウスメーカー、地場工務店、建築事務所、不動産仲介会社などいろいろな形態があるので、それぞれの営業方法の違いをよく理解する

2　住宅・販売事業者の住宅ローンに対するニーズやその他のニーズをよく理解したうえで、住宅・販売事業者への営業活動を行う

3　住宅・販売事業者について、建築業の経営内容、宅建免許の登録内容等の確認や免許の取消等がないかを確認する

☆住宅・販売事業者の違い

　前述のとおり、現状において新規住宅ローンの獲得は、提携ローンがメインとなっています。提携ローンの特性を理解しながら、物件形態等も考慮し、各住宅・販売事業者ごとの営業工作を行いましょう。

●大手メーカーによる新築分譲マンションと分譲一戸建

　営業工作対象は、モデルルームやモデルハウスなどの販売センターになります。

　本社で一定の提携ローンが決められていますが、販売センターによっては、提携ローンを選んでいるケースもよくあります。

　一番よいのは本社の担当部者へ提携ローンの提案が理想的ですが、難しい場合は、販売センターへの直接営業を行ってみましょう。

●地場住宅・販売事業者による新築分譲マンションと分譲一戸建

　住宅・販売事業者の規模を考慮すると、営業責任者(営業担当役員)になります。ただし、他の金融機関がメインバンクで、土地の仕入れ資金を融資

しているケースでは、当然のことながらメーンバンクの提携ローンが優先されることを考慮して営業工作を行うことが必要です。

●ハウスメーカー

ハウスメーカーも本社によって一定の提携ローンが決められていますが、住宅展示場などの営業所やその営業所を統括する支店への営業工作なども検討します。

●地場工務店

工務店といっても下請工務店などが数多くあるので、ここでは、自社で施主と注文住宅の工事請負契約を直接行っている工務店が対象になります。対象となる工務店の探し方は、オリジナルのホームページ、不動産関係の情報サイト、住宅専門雑誌などで注文住宅に対応している工務店をリストアップすることで行います。

年間の契約件数はハウスメーカーと比較し少ないこともあり、施主に対しては、提携ローンの紹介はもとより住宅ローンのサポートは行っておらず、施主任せのケースも数多く見受けられます。

●建築事務所

最近では、建築事務所に設計を依頼して、施工会社の紹介や施工管理を行わせるケースも出てきています。そこで、地場工務店と同様の方法でこれらの建築事務所を絞り込み、リストアップする必要があります。

●不動産仲介会社

各営業所の責任者（チェーン店の場合は店長、地場店の場合は経営者）が営業工作対象になります。不動産仲介会社のなかには賃貸専業者もありますので、売買契約を行っている不動産仲介会社を絞り込む必要があります。

一戸建用の土地購入者には、土地情報とあわせて、建築事務所や工務店を直接紹介するケースもあります。

◆図表2－5　営業工作リストの例

形態	企業名・営業所名	営業所住所	先方実権者	ホームページURL	備考
大手ハウスメーカー	○○ハウス	×××			
地場住宅・販売事業者	○○地所				
地場工務店	○○工務店				
建築事務所	○○建築事務所				
不動産仲介会社	○○住宅販売				
〜〜〜	〜〜〜	〜〜〜	〜〜〜	〜〜〜	〜〜〜
新設分譲販売センター	○○ハウス	予定地住所			分譲開始日

☆具体的な営業活動

　営業エリア内で候補となるハウスメーカーの営業所や支店、工務店など営業工作対象となる先をリストアップします。分譲マンションや分譲一戸建の場合、物件の販売計画によって販売センターのオープン前後、またはそれよりも早い段階での情報収集（営業エリア内で用地の売買状況、建築申請・許可状況、建築予定看板設置など）を行います。

　提案は住宅ローンの内容だけでなく、以下のような住宅・販売事業者のニーズをよく理解した内容が求められます。

●住宅・販売事業者のニーズ

①住宅ローンに関するニーズ

> ・仮審査の対応が早い
> ・審査に柔軟性がある
> ・適用金利が低い

②そのほかのニーズ

> ・新規個人顧客を紹介してくれる
> ・新規の土地情報を提供してくれる
> ・分譲系住宅・販売事業者の場合、土地購入資金など事業資金を融資してくれる

　なかには与信管理にかかわる項目もありますが、住宅・販売事業者にとってメリットがある提案がないと、当然良好な関係を構築することはできません。

　既存取引先の住宅・販売事業者については、すでに営業活動は実施されていると考えられますので、より取引を拡大するためには、新規で開拓する必要もあります。その場合は、当然自行内の新規開拓のルールに則って行う必要があります。特に住宅・販売事業者は建築業や宅建免許の登録内容等の確認はもちろん、過去に免許取消しがないかの確認、経営陣や従業員のなかで過去に宅地建物取引主任者の資格の取消し処分を受けていないかどうかの確認が必要となります。

集客方法のポイント
～住宅・販売事業者以外との連携～

> 🌱**ココが**ポイント！
> 1 　保険会社（生命保険会社、損害保険会社、保険乗合代理店、独立採算系保険外交員）の特性を理解して、連携体制を構築することが重要である
> 2 　損害保険会社の場合、業務は損害保険代理店のサポートが主体であるので、統括している損害保険代理店を紹介してもらうようにする
> 3 　生活協同組合など個人会員を保有する団体との提携も有効な手段となる

☆保険会社との連携

　自行にて生命保険商品を取り扱っている場合には当然調整が必要になりますが、マイホーム取得・購入時には生命保険の見直しや損害保険の新規加入の可能性が高まるので、保険会社などとの連携により、住宅ローンの新規獲得の可能性があります。対象となる保険会社などは、以下のように分けることができます。

- ・生命保険会社
- ・損害保険会社
- ・保険乗合代理店
- ・独立採算系保険外交員

　生命保険会社の場合、営業エリアにある営業支社が対象となります。営業支社に対して、営業支社が保有する既存顧客へ住宅ローンの紹介と、生命保険の見直しを連携して行う提案を行います。

損害保険会社の場合、生命保険と同様に営業エリアにある営業支社が対象となります。しかし、損害保険会社の営業支社は、生命保険会社の営業支社と違い、損害保険代理店のサポート業務が主体です。そこで、損害保険会社の営業支社に対しては、サポートしている損害保険代理店が保有する既存顧客へ住宅ローンの紹介、および火災保険をはじめとした損害保険との連携を前提に提案を行います。

　保険乗合代理店の場合、複数の保険会社の保険商品を扱い、ワンストップで生命保険や損害保険の商品比較をすることができ、幅広い集客を行っています。保険乗合代理店の既存顧客へ住宅ローンの紹介、および保険商品全般に関して連携して提案を行います。

　外資系生命保険会社や国内系の一部の生命保険会社は、独立採算系保険外交員制度により、保険契約を獲得しています。各保険外交員は独自に保険契約者を獲得し、多くの既存顧客を保有している場合もあります。各保険外交員は、外資系生命保険会社や国内系の一部の生命保険会社の支社に属していますので、まずは営業エリア内の支社を通じて各保険外交員に対し、生命保険会社の場合と同様に、住宅ローンの紹介と生命保険の見直しを連携して行う提案を行います。

☆個人会員を抱える団体と連携

　そのほかの有効な連携先としては、個人組合員を抱える生活協同組合（生協）があります。

　保険商品は共済会独自の商品を組合員向けに提供していますが、住宅ローンに関して提供しているケースはあまり見受けられません。営業エリア内の生協に対して組合員向けの住宅ローンを提案することも可能です。チラシの設置や組合員向け会報誌への掲載、また組合員向け個別相談会の提案も有効です。

見込み顧客への相談のポイント
～新規住宅取得・購入者への相談のポイント～

🍀ココがポイント!

1. 金利引下げ競争を回避して、他行と差別化を図る新規住宅ローンの営業推進を行うためには、まずは見込み顧客の個別のニーズについて、ヒヤリングを行うことが重要である
2. 自行の住宅ローンの商品説明を重点的に行うのではなく、見込み顧客からヒヤリングした情報をもとに、マイホーム取得計画全般も考慮して適切なアドバイスを心がける必要がある
3. 借入後の条件変更の問題点や個人信用情報の影響等についても顧客に説明し、理解してもらう必要がある

☆新規住宅取得・購入者へのアプローチ

　目的は住宅ローンの契約獲得にありますが、見込み顧客の立場に立った提案が重要になります。もちろん、住宅ローンの商品説明や返済額シミュレーションなど返済計画も重要です。その前に、見込み顧客が固有に抱える住宅ローンも含めた資金面での問題や心配ごとをヒヤリングし、その課題の解決を通じて信頼関係を構築するなかで、住宅ローンの提案をしていく必要があります。

　まずは、家族構成などの属性情報や住宅ローンだけでなく、住宅資金計画全体のヒヤリングも行いましょう。

・属性（年齢、職業、勤続年数、前年の年収、家族構成など）
・希望する物件形態（新築分譲マンション、新築分譲一戸建、中古住宅、注文住宅（土地保有の有無））
・現在の家賃

> ・自己資金（頭金＋購入時諸費用）
> ・親からの贈与金額
> ・住宅購入時の諸費用
> ・住宅ローンの借入希望金額
> ・現在の借入金残高　など

　物件検討段階では、購入時の諸費用がどのくらいかかるかも把握できておらず、現在の自己資金をもとにどのくらいの物件が購入できるか、またどのくらいの住宅ローンの借入金であれば返済できるかなど、ヒヤリング項目をもとにして、資金計画全体の相談に対応することは、とても有効です。仮に住宅・販売事業者からの提案を受けている相談者であるとしても、第三者でかつ信用力のある金融機関からのアドバイスはとても貴重なものです。

☆勤務形態に関するアドバイス

　勤務形態については特に配慮が必要です。近年、雇用の流動化により、正社員以外の雇用形態が増えていたり、転職者も増えています。また単身女性者の住宅ローン借入希望者も増えています。そこで、自行内の申込基準を熟知しておき、申込基準を満たさない相談者への対処方法については明確化しておく必要があります。

　また、自営業者への対処方法も明確化も必要です。相談者本人は収入が多いという認識でも、確定申告書上は節税のために所得金額を抑えているケースがよくあり、審査上問題が出ることがあります。相談の段階で、確定申告書を持参してもらい、事前に十分な説明をするよう心がける必要があります。

☆家族構成に関するアドバイス

　同じ年齢や年収であっても、家族構成によって住宅ローンのアドバイスに大きな違いがあります。ヒヤリングした家族構成によって次のような点に留

意してアドバイスを行いましょう（以下は例に過ぎません。さまざまなケースが想定されますので臨機応変な対応が求められます）。

●夫婦二人の世帯

子供をもうけていこうとする夫婦は、これから子供の出産費用や教育資金等に対する不安を持っています。よって、子供にかかる支出と住宅ローン返済の両立についてアドバイスしていくことが求められます。

２人での生活をしていこうとする夫婦は、子供にかかる支出がないので、老後資金の貯蓄と住宅ローンの返済計画のどのようにしていくかというアドバイスを行いましょう。この場合、住宅ローンの獲得だけでなく、運用商品の提案ができる可能性があることも意識しましょう。

●未就学～高校生の子供がいる世帯

実際に教育資金等かかっており、また将来にわたってもどの程度必要となるかが予想しにくいという問題を抱えています。よって、住宅ローンの返済と教育資金の両立についてシビアなアドバイスが求められます。

●子供が大学生の世帯

現状では相当額の教育費がかかっている場合もありますが、近い将来では教育資金等に目安がついている世帯になります。これからは老後資金の貯蓄と住宅ローンの返済の両立をどのようにしていくかのアドバイスが求められてきます。

●単身世帯

マイホーム取得・購入の当初は永住を考えていても、その後の生活環境の変化から、賃貸したり、または売却したりすることを考える可能性もあり、これらについて相談を求めているケースも想定されます。仮に賃貸または売却ととなった場合、返済中の住宅ローンの取扱いや税制上の注意点などについてもアドバイスできるようにしておきましょう。

●親との同居世帯

親とのリレーローンのニーズが高い世帯になります。子供世帯は、将来の

親の介護を現実的なものとして感じ、介護に対応できる住宅のために、二世帯住宅やリフォームを検討している可能性があります。

なお、二世帯の注文住宅である場合には、必要金額が高額になるケースもあります。また、返済額と持分の問題等も発生しますので、高額となる住宅ローンの返済方法をよくヒヤリングする必要がでてきます。

☆自己資金および実親からの贈与
●自己資金に関するアドバイス

マイホーム取得・購入予定者は、住宅購入時の諸費用がどのくらいかかるか把握できておらず、希望する物件形態によってもその金額が違ってくることを知らないケースがあります。

この住宅購入時にかかる諸費用は、さまざまなものがあります。住宅購入と住宅ローンばかりに目がいきがちで、これらの費用を考慮していないケースも見受けられます。

たとえば、家財道具の購入資金等は、多くの金融機関で資金使途の対象となっていません（諸費用ローンを用意している場合あり。住宅ローンと比較して金利が高いこともあるので注意）。家財道具の資金ぐらいは別に用意できると考えていても、印紙税（売買契約書・金銭消費貸借契約証書）、登録免許税、司法書士手数料等と積み重なってくると、この費用は無視できない金額となってきます。

また、これらさまざまな費用は、購入のプロセスが進むにしたがって、矢継ぎ早に発生し、想定外の費用が発生してくることはほぼ間違いがないでしょう。急な資金の用立てが頻繁に起こります。住宅購入は多くの人が一生に一度のことですから、仕方がないことかもしれません。

諸費用ローン等を利用するとしても、これらの資金をひとつひとつ借り入れていくことは、手間もかかることですし、そもそもこれらの諸費用をすべて借り入れていくということは、全体的な購入プランに影響を与えることも

あります。

　購入者のなかには、自己資金がすべて頭金にできると考えている人もいます。たとえば、「頭金２割用意できています」といっても、上記の諸費用を差し引くと、実際は頭金が２割に満たないケースがよくあります。

　そこで、希望する物件に合わせて、頭金のほかに、現金で用意する諸費用の項目や実際の費用の概算をアドバイスする必要があるでしょう。

●親からの贈与に関するアドバイス

　自己資金不足で希望する物件購入ができないケースでは、実親からの贈与を検討できるかを提案します。この場合、贈与税や、場合によっては相続税のアドバイスが必要となります。少なくても、相続時精算課税制度等の基本的な仕組みは、よく理解しておく必要があります。また、時限立法で直系尊属からの住宅取得資金の特例制度がありますので、その内容の理解も必要です。

　具体的には、相続時精算課税制度や各種の特例制度等を紹介して、実親からの援助金によりその問題を解決する提案などが考えられます。

☆住宅ローンと返済可能額および家計の見直しに関するアドバイス

●借入可能額の検討

　相談の段階では、審査により借入可能額が最終決定することを前提に、通常は年収とその他の借入金を考慮しながら、返済期間と各金利タイプ別に借入希望額に対応することができるか、毎月の返済額がいくらになるのかなどをシミュレーションする金融機関がほとんどです。

　たしかに、相談者は借入希望額がわかったとしても、実際に返済していけるかどうか不安があります。

　そこで、相談の段階においては、現在負担している家賃や共益費、駐車場代、更新料などを月額ベースに引き直した金額から、その月額ベースと近い毎月の返済額から借入可能額を逆算して提示することで、実際に返済しているようなイメージをつかんでもらうことも効果的でしょう。

たとえば、毎月の家賃と共益費の合計を8万円、駐車場代毎月5千円、更新料を16万円（2年に1回）とします。そうすると家賃を払っている現在の年間住居費は、8万円×12ヵ月＋5千円×12ヵ月＋16万円÷2年＝110万円となります。ただし、マイホームを保有すると、住宅維持費として、毎年、固定資産税・都市計画税等が発生します。マンションの場合は、加えて修繕積立金と管理費、駐車場代等が毎月発生します。

なお、一戸建の場合、毎月の維持管理費は発生しませんが、自主的に建物のメンテナンス費用（外壁の塗替えなど）が必要になるので、毎月の積立預金をこの段階で提案しておくことは有効です。

仮に、マイホーム取得・購入後の住宅維持費を15万円（年額）とすると、住宅ローンの年間返済可能額は、以下のようになります。

$$\text{住宅ローンの返済可能額（年額）} = \text{現在の年間住居費（家賃等）} - \text{マイホーム取得・購入後の年間住宅維持費}$$

$$= 110万円 - 15万円 = 95万円$$

●家計の見直しによる返済可能額の増額の検討

この住宅ローン返済可能額（年額）と適用金利と返済期間により、まずは借入可能額を提案することが可能です。毎月の返済額をボーナス時増額返済なしで95万円÷12ヵ月≒8万円とします。そうすると返済可能額は、「図表2－6」のようになります。

◆図表2－6　金利タイプおよび返済期間の違いによる返済可能額（見直し前）

	返済期間25年	返済期間30年	返済期間35年
変動金利型　　　　　　　1.075％	2,100万円	2,500万円	2,800万円
一定期間固定金利型（10年）　2.0％	1,900万円	2,200万円	2,400万円
全期間固定金利型　　　　　3.0％	1,700万円	1,900万円	2,100万円

※　元利均等返済による概算

ここで、家計全体の見直しを行って、住宅ローンの返済可能額（年額）をアップできないかの提案を行います。まずは、生命保険料の見直しです。住宅ローンを借りて団体信用生命保険に加入すると、必要保障額が減少するので、生命保険の死亡保険金の見直しによる毎月保険料の削減ができる可能性があり、この金額を住宅ローンの返済に回すことも可能です。また、年収を把握できても、家計の年間支出を把握できていない場合が多いのが実態です。この「把握できていない家計」の支出を住宅ローンの返済に回すことも可能です。

　まず、相談者に家計の年間支出と年間貯蓄額を把握してもらいます。本来であれば、「手取り年収＝家計の年間支出＋年間貯蓄額」となるはずですが、「手取り年収＞家計の年間支出＋年間貯蓄額」となるケースがほとんどです。すなわち、「家計の年間支出＋年間貯蓄額－手取り年収＝把握できていない家計の支出」となります。この「把握できていない家計」の支出は、手取り年収の5％前後ある可能性があります。つまり、手取り年収が500万円の場合、年間で25万円くらいを返済に回すことができるということです。

　仮に毎月2万円、年間で24万円住宅ローンの返済に回すことができれば、住宅ローン年間返済可能額95万円を95万円＋24万円＝119万円に増やすことが可能です。毎月の返済額をボーナス時増額返済なしで119万円÷12ヵ月≒10万円とします。そうすると、返済可能額が「図表2－7」のように増加します。

◆図表2－7　金利タイプおよび返済期間の違いによる返済可能額（見直し後）

	返済期間25年	返済期間30年	返済期間35年
変動金利型　　　　　　　　1.075％	2,600万円	3,000万円	3,500万円
一定期間固定金利型(10年)　2.0％	2,400万円	2,700万円	3,000万円
全期間固定金利型　　　　　3.0％	2,100万円	2,400万円	2,600万円

※　元利均等返済による概算

家計の見直し前と比較すると約500万円の借入れを増やすことが可能となります。毎月返済額が2万円アップしますが、500万円の借入れを増やせれば、より立地がよい物件、間取りが広い物件など、より快適な住宅環境を手に入れることが可能なことも事実です。

もちろん、過度の借入金を提案することはよくありません。しかし、借入者が返済可能であることをよく理解しているのであれば、返済可能な範囲内で借入金を多くして、借入者が望むマイホームの取得・購入を実現させるためのサポートをすることも重要です。

☆住宅ローンの返済シミュレーション上の注意点
●変動金利型と一定期間固定金利選択型の特性

変動金利型と一定期間固定金利選択型、借入れ時には完済まで返済額が確定しないことを十分に伝える必要があります。

なかには、完済まで適用金利を変えずに総返済額の比較を行っているケースがあります。このようなシミュレーションの提示の仕方は、相談者に対して大きな誤解を与えることはもちろん、全国銀行協会が公表したコンプライアンスのガイドラインにも、場合によっては抵触するので行ってはなりません。もしも、相談者が住宅・販売事業者や他行からそのようなシミュレーションの提示を受けているようでしたら、正しいアドバイスを行うことにより、相談者との間の信用力がアップします。

また、当然ですが、変動金利型、一定期間固定金利選択型、全期間固定金利型のメリット・デメリットの説明も重要です。相談者は、マスコミやインターネット情報の影響により、「少しでも低金利で得する住宅ローンがよい」という基準で住宅ローンを検討していますが、本来、住宅ローンは借入金であり、「持続的に返済を問題なく続けることができるかどうか」、すなわち自分にあった住宅ローンの返済計画をもとに、住宅ローンを検討することの重要性をまず理解してもらうようにしましょう。

●民間住宅ローン利用者の意識

　住宅金融支援機構による「図表2－8」の「平成22年度 第3回民間住宅ローン利用者の実態調査」の結果によると、変動金利型や一定期間固定金利選択型の金利タイプを選択した人のうち、住宅ローンの商品特性や金利リスクの理解度に関して問題がある人は、30～40％に達しています。また、厳しい見方をすると、本来であれば十分理解している必要があるので、そのような人は20％に満たないのが現状といえます。

　その理由として、冒頭に住宅ローンを選んだ決め手が「金利の低さ」65.5％の数字が示すとおり、実態は商品内容をよく理解せずに損得重視になっている、または、住宅・販売事業者が説明を主に行っているので、十分な説明を受けていない可能性が考えられます。

◆図表2－8　住宅ローンの商品特性や金利リスクへの理解度（変動金利型・一定期間固定期間選択型の利用者）

一定期間固定期間選択型 n=273	十分理解	ほぼ理解	理解しているか不安	よく理解していない	全く理解していない
適用金利や返済額の見直しルール	23.1	48.5	22.7	5.1	2.6
将来の金利上昇によってどれくらい返済額が増えるか	16.5	49.1	24.9	7.0	2.6
金利タイプが異なる住宅ローンと比較した特徴	16.5	44.3	29.3	6.6	3.3
優遇金利の適用ルール（延滞すれば適用されなくなるなど）	17.2	45.1	28.2	6.2	3.3
将来の金利上昇に伴う返済額増加への対応策	18.7	41.0	28.6	8.4	3.3

変動金利型 n=423					
適用金利や返済額の見直しルール	22.7	49.4	22.0	4.5	1.4
将来の金利上昇によってどれくらい返済額が増えるか	18.0	46.1	27.2	7.1	1.7
金利タイプが異なる住宅ローンと比較した特徴	18.7	46.3	24.1	8.5	2.4
優遇金利の適用ルール（延滞すれば適用されなくなるなど）	20.1	44.2	24.6	8.3	2.8
将来の金利上昇に伴う返済額増加への対応策	18.0	42.6	29.1	7.6	2.8

※　nは「回答数」
（出所）住宅金融支援機構　「平成22年度 第3回民間住宅ローン利用者の実態調査」

また、住宅ローンは適用金利でなく、実際の返済金額で説明することも重要です。また、変動金利型や一定期間固定金利選択型の金利タイプは、金利が上昇した場合にどのくらい返済額が増えるか、また返済額が増えた場合でも家計が破綻しないか、共働きかどうか、子供の人数によっても家計のリスク許容度は違ってきます。将来の金利はいつぐらいにどれくらい上昇するかは予想はつきませんが、仮定の条件を設けて金利上昇によりどのくらい返済額が増えるかを相談者に提示してあげる必要があります。

　この住宅ローンの金利の上昇については、2006（平成18）年に日本銀行が量的緩和の解除を行った後、住宅ローンの金利が数年間、上昇局面に入る場面がありました。当時は1～3年の一定期間固定金利選択型の金利タイプが主流だったので、適用金利見直し時に毎月の返済額が増えて家計を圧迫し、返済計画が立てにくくなるということが現実のものとなりました。このことから、精神的な負担も大きいので返済額が増えてもよいから、全期間固定金利型や長期の一定期間固定金利選択型の金利タイプの住宅ローンに借換えをする人もいました。

　将来、借換えする人を防ぐためにも、短期的で損得に重点を置いた検討でなく、長期的な視点で想定外の金利上昇が起きても家計が対応できるかどうか相談者に理解してもらうように努めましょう。

●シミュレーションによる金利上昇の検証

　将来、金利の変動がある住宅ローンでは、金利上昇を前提としたシミュレーションを行うことが有効です。将来、金利上昇がなかったとしても、返済できなくなるということはありません。万が一でも金利上昇により返済できなくなるということは、「家計の破綻」を意味します。ゲームであればゲームオーバーですみますが、現実の社会ではそうはいきません。ゆえに慎重に検討し、シミュレーションを行う必要があるのです。

　以下では、簡単に変動金利型と一定期間固定金利選択型のシミュレーションの例をあげて、検証を行ってみます。

◆図表2－9　シミュレーションの事例（変動金利型）

●借入開始時の条件

借入金額3,000万円、返済期間35年、ボーナス時増額返済なし、元利均等返済

変動金利型、適用金利1.075％（全期間、基準金利より1.4％優遇）

（適用金利の見直しは半年ごと、返済額は5年に1度、返済額の見直し時の上限は、これまでの返済額の1.25倍を上限とする）

●借入開始後の金利の変動想定

適用金利が借入れから5年後に毎年0.5％ずつ上昇し、借入れから9年後に3.075％になり、完済まで変わらない。

●返済額（月額）の推移

・当初5年間　　　8.6万円
・6～10年　　　　9.2万円
・11～15年　　　11.5万円（上限1.25倍が適用）
・16～35年　　　11.7万円

　この前提条件では、11年目以降において、毎月の返済額が当初の返済額（月額）よりも約3万円増えることになります。

　一定期間固定金利選択型の場合も検証してみます。

◆図表2－10　シミュレーションの事例（一定期間固定金利選択型）

●借入開始時の条件

借入金額3,000万円、返済期間35年、ボーナス時増額返済なし、元利均等返済、一定期間固定金利選択型（10年固定）、適用金利2.00％（全期間、基準金利より1.4％優遇）

●借入開始後の金利の変動想定
11年目の適用金利を2.5％、3.0％、3.5％、4.0％と仮定
●返済額（月額）の推移
・当初10年間の返済額は9.9万円
・11年目以降の適用金利が2.5％の場合、11年目以降の返済額は10.5万円
・11年目以降の適用金利が3.0％の場合、11年目以降の返済額は11.1万円
・11年目以降の適用金利が3.5％の場合、11年目以降の返済額は11.7万円
・11年目以降の適用金利が4.0％の場合、11年目以降の返済額は12.3万円

　11年後の金利予想も実質不可能ですが、仮に適用金利が1.5％上昇すると毎月約2.5万円返済額が増えることになります。
　いずれも、将来の収入や子供の教育費などの支出を考慮した場合に、家計上問題がないか相談者に確認し、判断してもらう必要があります。
　つまり、完済まで適用金利が確定しない変動金利型や一定期間固定金利選択型で総返済額を算出してその比較を提案するより、将来の金利変動は正確には予想できませんが、予想値であっても金利上昇により返済額が実際にどのくらい増えてその返済額が家計上問題ないかを数字で確認してもらうことが重要であるということです。これにより、金融機関として相談者との信頼関係を築くことが可能となります。
　変動金利型や一定期間固定金利選択型の金利タイプが悪いというわけでなく、いずれもリスク（＝不確定要素）を持つ返済方法であると理解してもらうこと、また、上記のような事例を参考に、シミュレーションによる家計に対するストレステストを行うことが重要といえます。

☆返済期間、返済方法および他からの借入金に関するアドバイス
●返済期間、返済方法に関するアドバイス
　「返済期間が短いと利息の総支払額が少なくなるので得をする」という知

識をもとに返済期間を短く組もうとする人がいます。たしかに計算上は成り立つとしても、実際に返済がスタートしてみると毎月の返済負担が大きいため、借入れ後に返済期間を延ばしたいというケースがでてきます。

　また、「元金均等返済が元利均等返済よりも利息の総支払額が少なくなるので得をする」という知識をもとに、元金均等返済を希望する人がいます。この場合も当初の毎月の返済額が多くなるため、借入れ後に元利均等返済に変更したいというケースがあります。

　最後にボーナス時増額返済併用に関することです。毎回のボーナスが変動する企業が増えています。ボーナス時増額返済併用は毎月の返済額を少なくできるメリットがありますが、ボーナスが減った場合、消費者金融などキャッシングをして返済するケースも見受けられます。そこで、相談者のボーナス体系をヒヤリングして、ボーナスの変動幅が大きい場合は、ボーナス時増額返済の割合を少なくする提案が必要になります。

　上記のように借入時に十分な検討を行わず、結果として返済が難しくなった場合には、競売等の前に、まずは返済方法の変更をすることを検討しますが、当然のことながら、これは条件変更にあたります。返済期間を延ばすような条件緩和にあたる条件変更は簡単にはできないこと、場合によっては個人信用に問題が発生するケースもあることなどを、事前に説明しておく必要があります。現状では、借入後の条件変更の問題点まで顧客に理解してもらっているケースは少なく、これらの問題点まで、きちんと顧客に説明することによりさらなる信頼関係の構築につながります。

●現在の借入金に関するアドバイス

　そのほかに、現在借入金が住宅ローンの審査や借入金額に影響することを説明しておく必要があります。また、個人信用情報の存在やその活用についても説明しておきましょう。

　なかには、現在の借入金や個人信用情報の内容により住宅ローンを借りることができずにマイホームを断念し、夫婦の間に亀裂が入ってしまったケー

スもあります。
　現在の借入金や個人情報上で問題がありそうな場合はには、借入れの前に早めの対処を心がける必要があります。また、夫婦や親子による相談の場合には、借入自体を秘密にしている場合もあるため、別途借主本人のみに伝えるようにするなど、十分な配慮が必要です。

見込み顧客への相談のポイント
～住宅保有者等への相談のポイント～

> **ココがポイント!**
> 1 住宅保有者でも見込み顧客になる可能性があるので、対象外とせずに、積極的に相談を受けたり提案を行う必要がある
> 2 買換えの際、残債があった場合でも、買換えが可能なケースもあるため、あきらめず、さまざまな可能性を探ってみる
> 3 住宅保有者本人が見込み顧客にならなくても、その子供などの家族が見込み顧客になるケースもあるので、情報収集を怠らないようにする

☆住宅保有者へのアプローチ

　住宅保有者の場合、対象者の年齢が高いケースも散見され、一見、新規住宅ローンに直接結びつかないと思われがちです。これは需要がないのではなく、提案方法によっては新規住宅ローンに結びつくこともあり、それがかなわなくてもリフォームローンにつながる可能性があります。新規マイホーム取得・購入者と同様に、相談のポイントを身につけることが重要です。

☆現在の住宅をリフォームする

　最近では、太陽光発電システムを新設してエコ住宅化を行ったり、耐震リフォームを行うケースも増えてきています。場合によっては、子供が独立したりすると近い将来の定年後の生活を考えて、間取り変更を含めた大規模リフォームを検討するケースも見受けられます。通常は、リフォームローンになるケースが多いと思われますが、なかには建替えに発展するケースもあります。リフォームに関する税制上の優遇制度や自治体の助成金制度の紹介など、情報提供を行ってフォローするようにしましょう。

☆現在の住宅の建替え（二世帯住宅化も含む）

　当初、小幅なリフォームを考えていたのが、検討を進めるうちに、大規模リフォームに発展することがあります。いざ見積りをとってみると大規模リフォーム費用と建替えの場合の建築費用とでは、金額に大差がないケースがあります。その場合、当初はリフォームを計画していても、建替えに発展するケースも多々あります。

　借入主が50歳代以降であれば、住宅ローンの可能性が低いかもしれませんが、住宅ローン減税のメリットや退職金による繰上返済も踏まえた提案が有効です。

　また、リフォームの目的が二世帯住宅の可能性もあります。これが建替えに変更になった場合、二世帯住宅になると総床面積が増えるため、通常よりも建築費がかかるケースが多く見られます。親子リレーローンによる借入可能額のアップの提案などを行うことが有効です。

☆現在の住宅からの買換え

　まず、住宅ローンの残債があるかどうかの確認が必要です。

　残債がない場合は、買換えのための資金計画や税制上の優遇制度を紹介して、住宅ローンの提案もあわせて行います。ここで、希望する物件の条件のヒヤリングも行い、希望に沿った物件を取り扱う住宅・販売業者を紹介しましょう。これにより、相談者に住宅ローンを提案できると同時に、住宅・販売業者に対して見込み顧客の紹介を行うことになるので、連携が深まり、別の住宅ローン見込み顧客の紹介をしてもらう可能性もでてきます。

　もし、残債がある場合はその金額によりますが、現在の売却価格や自己資金を足しても残債を全額返済できないケースもあります。そこで、まずは連携している不動産仲介業者を紹介して、もう一度売却価格の査定を依頼するようにアドバイスを行います。残債をなくす可能性がでてくれば、見込み顧客へ住宅ローンの提案を行います。もし、どうしても売却により残債が完済

できない場合、相談者の審査上の返済能力によりますが、可能であれば、新規取得・購入価格にローン残債額を合わせた住宅ローンを提案できないかを検討する余地もあります。

なお、実際に相談者を不動産仲介会社に紹介して、相談者が売却の仲介を依頼した場合には、その物件の売却時に、優先的に新規購入者に対する住宅ローンの提案を行う可能性も見えてきます。

☆子供への住宅資金援助

本人には住宅ローンのニーズはなくても、子供への住宅資金援助を考えているケースがあります。特に子供夫婦に子供（孫）ができたので、孫のためにも子供にマイホーム取得・購入資金を援助したい、または、子供の結婚の可能性が低くなったので、子供のために貯めていた結婚資金をマイホーム取得・購入資金に変更したいというようなニーズがあります。その場合、相談者本人だけでなく、子供の住宅事情に関してもヒヤリングを行っておく必要があります。

まずは相続時精算課税制度や直系尊属からの住宅取得資金の特例などの税制上の情報を、提供することが重要です。物件探しのための業者の選定を依頼されるケースもあるので、該当する連携先の住宅・販売事業者を紹介も含めた対応を行い、相談者である親の紹介を通じて子供への住宅ローンの提案を行いましょう。

☆保有する土地の売却

相談者から自宅のことではなく、保有する土地の売却について相談を受ける可能性があります。売却が決まっていれば、不動産仲介会社などに相談をするかもしれませんが、売却するかどうかの検討段階では、まずは取引先の金融機関に相談するケースもよくあります。

また、住宅・販売事業者は、絶えず土地情報を求めています。実際に住宅・

販売事業者への土地情報は、不動産業界からでなく金融機関から持ち込まれるケースがよくあります。

そこで、土地を保有する相談者からの売却情報を住宅・販売事業者に提供し、与信上問題なければ、住宅・販売事業者に対して土地購入資金も合わせた事業資金を融資したり、開発を後押しすることにより、分譲を行うときに、自行の住宅ローンを提携ローンとして優先的に紹介してもらうことが可能です。

見込み顧客への相談のポイント
～競合他行との差別化提案のポイント～

🔶ココがポイント!

1. 競合する金融機関の商品特性や金利動向また営業推進状況について、把握することが重要である
2. 金利引下げ競争に巻き込まれないように、適用金利以外の点で自行の住宅ローンのアピールポイントについて、整理しておくことが重要である
3. 相談者にとっては、人生において多額の借入をすることに不安を抱えてる可能性があるので、不安を取り除くよう努める

☆他行の商品特性と金利動向

　まずは、インターネットバンクも含め、営業エリア内で競合する他行の住宅ローンの商品特性や毎月の金利動向等は、必ず把握しておきましょう。合わせて自行の住宅ローンと比較して、他行より優れている点、劣っている点、変わらない点という3つの観点からの分析が必要です。

　相談者は、他行の住宅ローンと比較しているケースもよくあります。にもかかわらず、実際に金融機関の住宅ローン相談会に行っても自行の住宅ローンの商品アピールに終始し、参考にならなかったという声も聞かれます。そこで、自行の住宅ローンの説明に終始するのではなく、他行の商品内容などを把握し、まずは商品特性での優位性を提案する必要があります。

☆適用金利以外のアピールポイント

　適用金利で優位性があればその優位性をより強調できますが、適用金利で優位性がない場合は、次の点を重点的に提案します。

●相談者の返済計画等に合った住宅ローンの提案やコンサルティングを行う

　適用金利の優位性で勝てない場合は、適用金利による「損得」でなく、相談者の属性や返済計画に合わせた「安心・安全」の観点からの提案を行ってみましょう。特に変動金利型や一定期間固定金利選択型の金利タイプを選ぶ人は、借入れ時の実行金利のみで「損得」を考えていることが多い傾向にあります。この場合でも、金利タイプのリスクの説明を十分に行い、また長期的な視点で金利上昇時の返済額のシミュレーションなどを丁寧に提案することで住宅ローンの選択基準が「損得」よりも「安心・安全」にシフトしていくケースもあります。顧客ニーズをより深く探る提案を行い、信用関係を築くことで、金利競争を克服することも可能です。

●住宅ローン以外に資金面で不安や相談ごとがないかのヒヤリングを行い解決策などの提案を行う

　相談者は、住宅ローンという多額の借入を人生で初めて行う人がほとんどです。多くの不安を持っており、悩みも含めて相談できる相手がいないのも事実です。特に住宅・販売事業者は、自身は住宅の専門であるものの、資金面は金融機関を頼っているので、購入時の諸費用や住宅ローン減税、場合によっては、税制上の特例を踏まえた生前贈与のことなどの相談にも対応しましょう。

　返済計画上問題がなくても、精神的に不安を持つ人がいます。そのような場合は、どのような点が不安なのかヒヤリングして、元の不安を解消するための提案をしてあげることでも信用関係を構築することが可能です。

　1回くらいの相談では、相談者との信頼関係を構築することは難しいことです。相談が終わったら次の面談の予約をその場で行ったり、相談があったらいつでも連絡をしてもらうように案内することが重要です。

プラン提案から契約締結まで
～顧客属性による提案方法～

> **ココがポイント！**
> 1　住宅ローンの返済計画だけでなく、今後のライフプランを考慮した提案も有効である
> 2　具体的には、現在の住居費をもとにした一生賃貸派とマイホーム取得・購入派の比較、および今後のキャッシュフロー表等による提案などが有効である
> 3　家族世帯と単身世代では提案内容が大きく異なるので、十分考慮する必要がある
> 4　見込み顧客のリスク許容度にも留意して、金利タイプごとの提案を行うことは重要である

☆ライフプランを考慮した提案の必要性

　住宅ローンの返済額のシミュレーションは、住宅・販売事業者でも競合他行でも行っており、相談者自身でもインターネットで計算ができます。そこで、提案内容に差別化をはかり、相談者との信頼関係を築くため、住宅ローンの返済額のシミュレーションだけにとどまらず、今後の家計やライフプランを考慮した提案方法を行うことは、とても有効といえます。具体的には各属性を考慮しながら、以下の観点から有効な提案を行います。

　なお、住宅ローンの金利設定ですが、前述のとおり、変動金利型、一定期間固定金利選択型について、完済まで適用金利を変えず一定にすることは、コンプライアンス上の視点から問題が起きる可能性があるので、必ず現在の適用金利より、少なくとも2～3％は上昇した場合も想定して提案する必要があります。

☆家計の支出の住居費に焦点をあてた提案

「図表2-11」にあるとおり、家計のうち、住居関連にかかる支出でマイホーム取得・購入前後で比較を行うことが、相談者に借入後の返済のイメージをもってもらう、もしくは、実際に返済可能かどうかの見込みを立てるうえでも有効な手段です。

この比較において、下記の算式が成立すれば、家計の負担が変わらないため、マイホームを取得・購入することを積極的に検討できるということをアドバイスすることができます。

```
マイホーム                  マイホーム
取得・購入前 + 家計の見直し ≧ 取得・購入後 + 住宅維持費（年間）
の年間住居費                 の年間住居費
```

この式は、次のように展開することができます。

```
マイホーム      マイホーム
取得・購入前 ≧ 取得・購入後 + 住宅維持費（年間） − 家計の見直し
の年間住居費    の年間住居費
```

◆図表2-11　住宅購入前後の住居費等の比較

マイホーム取得・購入前	≧	マイホーム取得・購入後
【現在の年間住居費】 ・家賃+共益費 ・駐車場代 ・更新料 【家計の見直し】		【住宅ローンの年間返済額】 【住宅維持費（年間）】 ・固定資産税等 ・修繕積立金等

このことは、金融機関の行職員にとっては一見当たり前のように見えますが、相談者はきちんとイメージできておらず、不安に思っているといっても過言ではないでしょう。そのためには相談者に対して、算式で示したり、グラフによって視覚で理解できるようにすることが大切です。

　注意するべき点としては、マイホームの取得・購入ありきの提案にならないようにすることです。変動金利型や一定期間固定金利選択型を提案する場合には将来返済額が変動する場合があるので、もし、将来金利が上昇した場合に、どの程度まで返済額が変動したとしても家計が耐えることができるのかを、あわせて確認することが必要です。

☆一生賃貸派とマイホーム取得・購入派の総支出額の比較による提案

　通常大別すれば、住宅については、一生賃貸派か、マイホーム取得・購入派かの二者択一です。選択基準は、本人のライフスタイルや価値観によるの

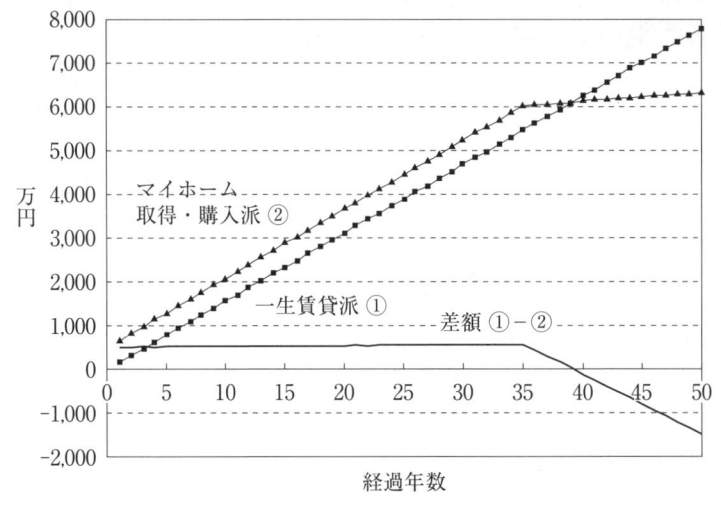

◆図表2－12　一生賃貸派とマイホーム取得・購入派の総支出額の比較

で第三者が断言することはできませんが、まずは、経済的な面から比較することにより、どちらにするか意思決定の材料になります。

　一生賃貸派か、マイホーム取得・購入派の選択を最終決定できていない人にとっては、有効な提案です。一生賃貸派の場合の支出は、毎月の家賃、共益費、更新料（一般２年に１回）、なかには駐車場代が必要な場合もあります。マイホーム取得・購入派の場合の支出は、マイホーム取得・購入時の諸費用、頭金、毎月の住宅ローン返済、住宅維持費（固定資産税や修繕積立金など）になります。

　立地や床面積を同様の条件にすると、マイホーム取得・購入のほうが諸費用等の支出が当初発生するため、住宅ローンの返済中は、一生賃貸が有利ですが、住宅ローンの返済が終了すれば毎年の支出が減少するので、マイホーム取得・購入の総支出のほうが少なくなる傾向にあります。これにより、老後の住居費の負担は、マイホーム取得・購入のほうが少なくなる傾向にあることが提案できます。

☆今後のライフプランを考慮したキャッシュフロー表やグラフを活用した提案

　「図表２－13」は、長期にわたって、将来のライフプラン（子供の教育、定年退職の時期など）をもとに、家計の収入、支出、資産残高の全体の推移をキャッシュフロー表やグラフで示したものです。長期にわたるシミュレーションのため、確実なデータを示すものではありませんが、マイホームの取得・購入や住宅ローンの返済に対する問題点やその解決方法などを事前に想定して対処することができるメリットがあります。

　以上の提案方法をもとに、代表的な家族属性についての提案方法のポイントは、以下のとおりとなります。

●家族世帯の場合

　家族世帯に対する提案のポイントには、「住宅ローン返済計画についての

◆図表 2 − 13　キャッシュフローグラフ等（住居費を含めた家計全体の収入、支出、資産残高の全体の推移）

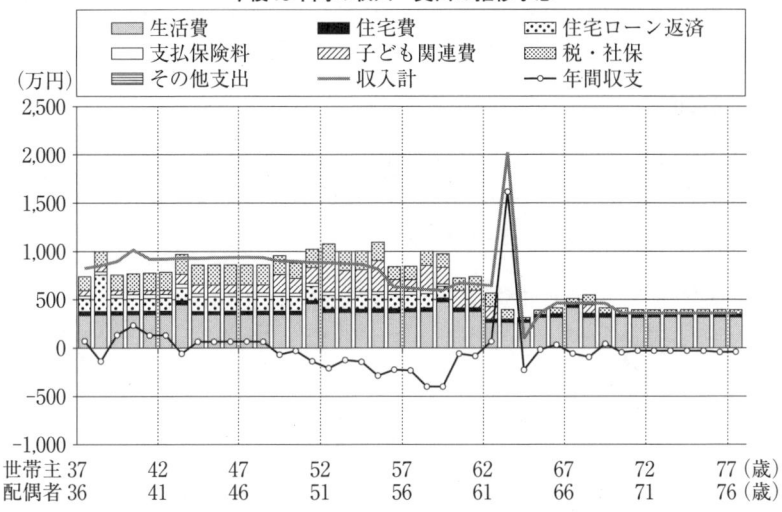

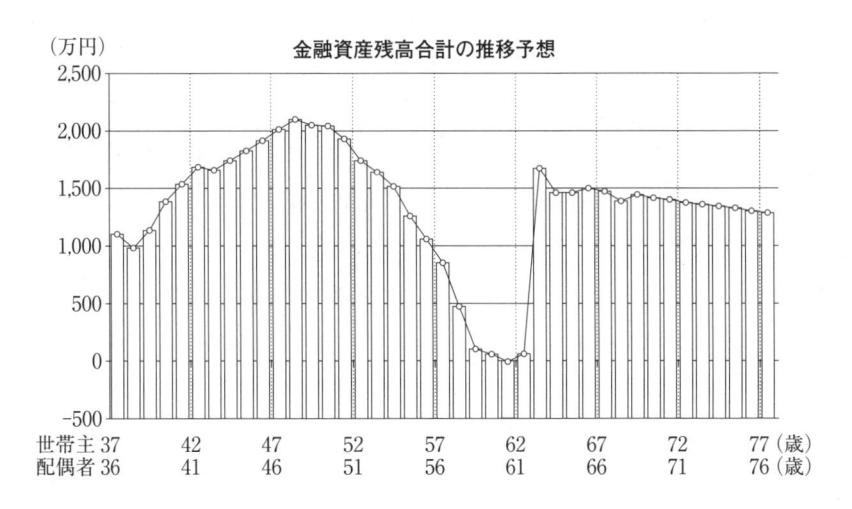

今後40年間の収入・支出の推移予想

凡例：生活費／住宅費／住宅ローン返済／支払保険料／子ども関連費／税・社保／その他支出／収入計／年間収支

金融資産残高合計の推移予想

◆図表2−14　一生賃貸派とマイホーム取得・購入派の総支出額の比較（世帯主が10年後に死亡した場合）

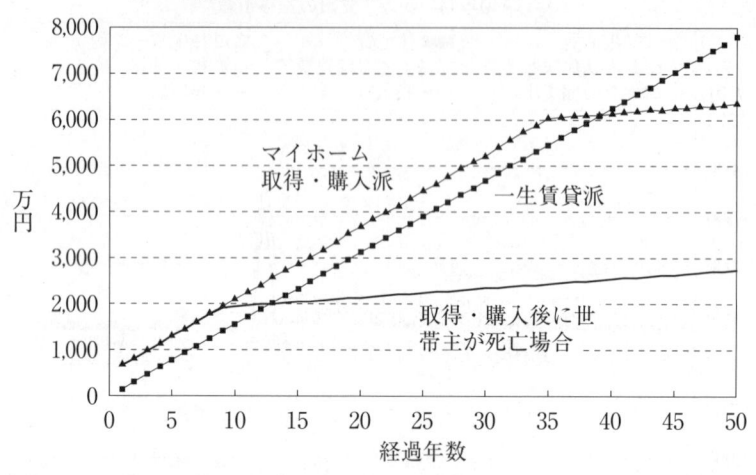

（グラフ：縦軸 万円、横軸 経過年数。マイホーム取得・購入派、一生賃貸派、取得・購入後に世帯主が死亡場合の3本の線）

提案」、「金利タイプについての提案」があります。

①住宅ローン返済計画についての提案

　家族世帯の場合、住宅取得・購入時の心配ごとのひとつは、子供の教育資金です。ただし、子供の教育資金は進路や入学する学校によって違いがあるので、予想をすることは実質不可能です。そこで、現在の住居費と家計の見直しや、一生賃貸派とマイホーム取得・購入派の総支出の比較をもとにした住宅ローンの返済可能額の提案が有効です。

　特に一生賃貸派とマイホーム取得・購入派の総支出額の比較については、マイホームの取得・購入の場合、住宅ローンを借りることにより団体信用生命保険に加入するので、住宅ローンの借主である世帯主に万が一のことがあると遺族は住宅ローンの返済が免除され、住居費は住宅維持費のみになり、一方、一生賃貸の場合は、遺族が家賃を引き続き支払い続ける必要があります。この点を提言する必要があります。

　なお、共働きの家族世帯の場合、配偶者が専業主婦の家庭より家計全体での収入に余裕があるので、教育資金に対する心配などは少なくなります。

ただし、配偶者の今後のキャリアプランの確認が重要です。出産や育児により休職したり、場合によっては退職すると当然世帯主の収入のみになり、家計全体の収入が急激に減ることになります。そこで、配偶者に休職や退職の可能性がある場合は、世帯主の収入のみになることを想定して住宅ローンの返済計画を提案することが重要となります。

②金利タイプについての提案

　子供の教育資金については、将来の予想が立てにくい不確実性が高い支出になります。また、変動金利型や一定期間固定金利選択型の金利タイプについても、完済まで返済額が確定しない不確実性が高い支出になります。また、子供の教育資金が増える頃に住宅ローンの返済額が増えるとリスク許容度がとても少なくなる可能性が高くなります。

　このように、家計に2つの不確実性が高い支出を抱えるのは、負担になるのは事実です。そこで、たとえ他の金利タイプよりも返済額が多くなっても、完済まで返済額が一定で返計画が立てやすい全期間固定金利型による返済計画を、あわせて必ず提案するようにしましょう。

●単身世帯の場合

家族世帯に対する提案のポイントにも、家族世帯の場合と同様に「住宅ローン返済計画についての提案」、「金利タイプについての提案」があります。

①住宅ローン返済計画についての提案

　単身世帯の場合、家族世帯と違って子供の教育資金のように将来不確実性の高い支出がないので、確実性の高いライフプランにもとづいたキャッシュフロー表やグラフを作成することが可能です。単身者にとって、今後のライフプランを考える場合に重要となるのは、老後の住居の確保です。実際に一生賃貸派の場合とマイホーム取得・購入派を比較すると、一生賃貸派の場合は、定年退職後の家賃負担が大きいことが明らかです。

②金利タイプについての提案

　単身者の場合、将来不確実性の高い支出が少ないため、家計のリスク許容

度が高い可能性が高まります。そこで、変動金利型や一定期間固定金利選択型の金利タイプでも問題ないケースが高まります。ただし、返済額が多くても安定性を求めるケースもあるので、全期間固定金利型の提案も忘れないようにしましょう。

●顧客ごとのリスク許容度の把握と顧客へのサポート

どのような属性であっても、それぞれのライフプランには違いがあります。また、リスク許容度は、適用金利の上昇による返済額の増加に対する精神的な面および経済的な面の両面で、個人差があります。それぞれのリスク許容度にあった提案をするようにしましょう。

必ず、金利タイプごとに返済額をシミュレーションして、相談者にとって金利タイプごとのメリット・デメリットを整理して提案を行い、相談者の最終的な自己判断をサポートすることが重要です。

プラン提案から契約締結まで
～顧客属性による提案方法～

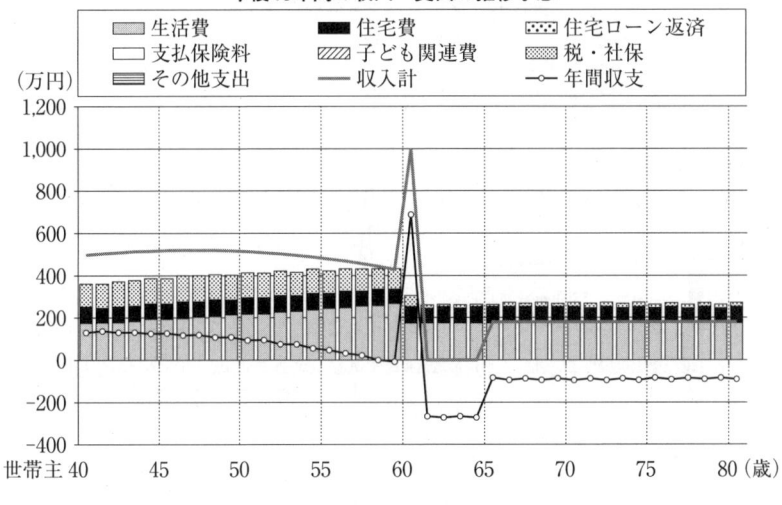

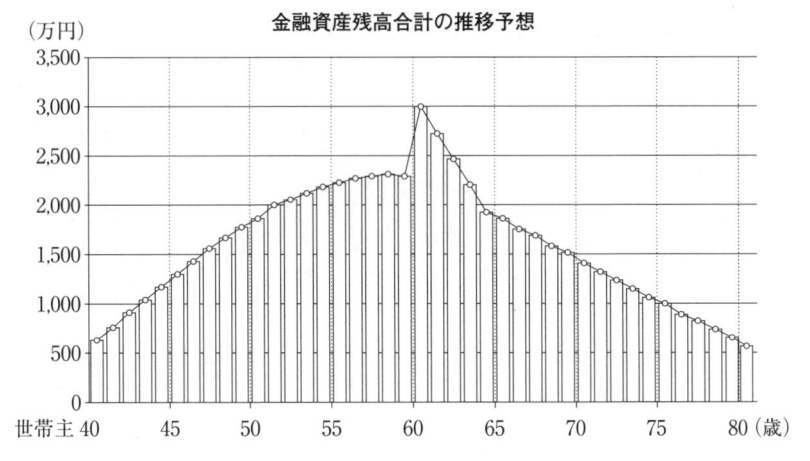

◆図表2-15　一生賃貸派のキャッシュフローグラフ等（単身世帯）

今後40年間の収入・支出の推移予想

凡例：生活費／住宅費／住宅ローン返済／支払保険料／子ども関連費／税・社保／その他支出／収入計／年間収支

金融資産残高合計の推移予想

第2章　新規住宅ローン推進の実践

105

◆図表2-16 マイホーム取得・購入派のキャッシュフローグラフ等(単身世帯)

今後40年間の収入・支出の推移予想

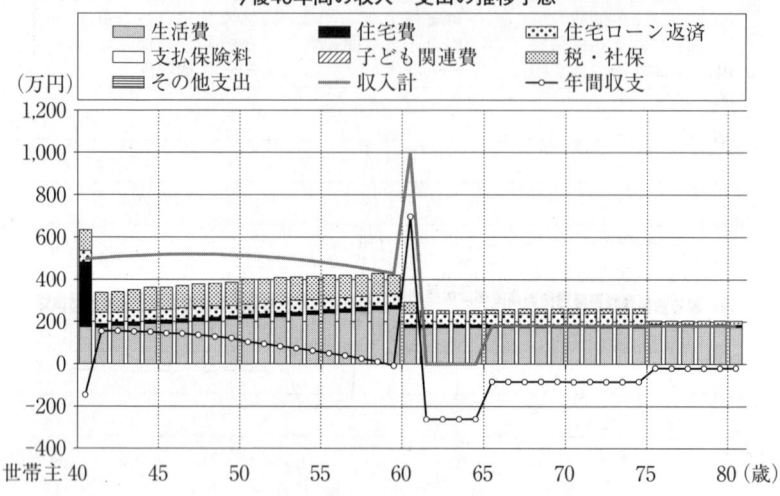

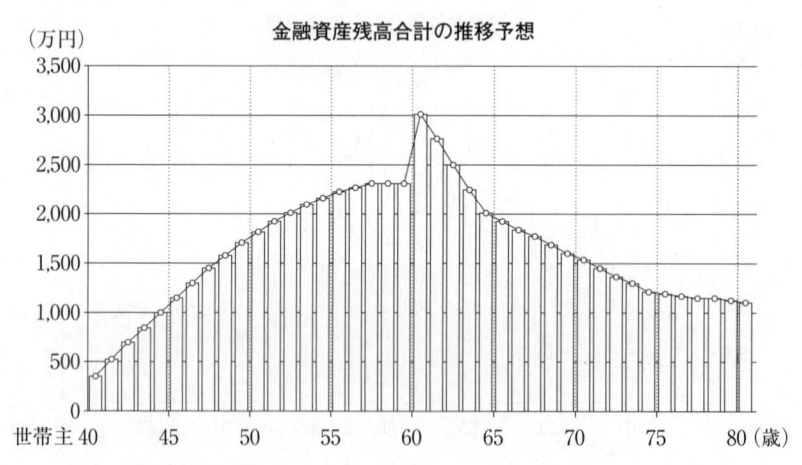

凡例:
- 生活費
- 住宅費
- 住宅ローン返済
- 支払保険料
- 子ども関連費
- 税・社保
- その他支出
- 収入計
- 年間収支

金融資産残高合計の推移予想

> ## プラン提案から契約締結まで
> ～住宅形態による提案方法～
>
> **ココがポイント！**
> 1. 住宅形態によって住宅ローン実行までの流れに違いがあるので、その流れを理解したうえで見込み顧客への提案やフォローを行う必要がある。
> 2. 中古物件の場合には、相談者はリフォームも考慮していることがあるので、希望をよりヒヤリングするようにする。
> 3. 特に土地未保有者で、注文住宅を希望している場合、住宅ローンによる土地代金決済やつなぎ融資のニーズがあるため、事前に十分なヒヤリングを行うことが重要

☆新築分譲マンション・新築分譲一戸建

　通常は、物件探しの段階から住宅・販売事業者は物件の紹介や提案だけでなく、提携ローンによる住宅ローンの提案を行っています。申込手続きと同時に住宅・販売事業者を窓口とした提携ローンによる仮審査が行われるため、住宅ローンは、ほぼ住宅・販売事業者の提案で決まっているのが実情です。なかには、住宅・販売事業者による提携ローンしか選べないと思っている契約者もいるくらいです。一方、物件の売買契約が終了すると、物件の引渡しまで半年以上かかるケースがあり、仮審査が終了した住宅ローンについて本審査までのその期間は、住宅・販売事業者からのフォローがないケースが見受けられます。

　そこで、住宅・販売事業者による提携ローン以外にも住宅ローンの選択肢があり、金融機関として住宅ローンの返済計画のコンサルティングも含め、相談を行っていることを積極的にアピールすることが重要です。

　住宅・販売事業者は物件販売に重点を置いていることが多いので、住宅

◆図表2−17　新築分譲マンション・新築分譲一戸建（通常は物件未完成）の住宅ローン実行の流れ

物　件	資　金	
イベント	イベント	備　考
物件探し ↓ 物件決定 ↓ 申込手続き ↓ ↓ 重要事項説明 売買契約 ↓ ↓ 物件完成 ↓ 内覧会 ↓ 物件引渡し	 申込証拠金 住宅ローン仮審査申込み ↓ 住宅ローン仮審査結果 ↓ 手付金支払い ↓ 住宅ローン本審査申込み ↓ 住宅ローン本審査結果 ↓ 住宅ローン契約 ↓ 代金決済 住宅ローン実行	 物件価格の1〜2割支払い 物件引渡し時期によっては数ヵ月以上間隔があくケースもある ←物件引渡しの1〜2ヵ月前 物件引渡しの約1ヵ月前 集団で住宅ローンの契約を行うケース（通称：金消会）もある

　ローンのアドバイスは不十分なケースがほとんどです。なかには住宅・販売事業者の営業担当者から、「仮審査さえ通れば住宅ローンの返済は問題ないです」としかいわれないケースもあるため、不安を持っている見込み顧客が多いのが実態です。

　住宅ローンの専門である金融機関が見込み顧客へのアドバイスを提供することで、提携ローンから自社の住宅ローンへ勧誘は十分可能といえます。

　金融機関としては、見込み顧客が物件探しする前の段階から、囲込みを行う営業戦略を考える必要があります。

☆中古住宅

　マンションであれ一戸建てであれ、中古住宅を探す場合、見込み顧客は、まず不動産仲介業者へ相談し、希望する物件を紹介してもらうのが一般的です。また、新築分譲住宅と違い、売主との契約が成立し代金決済ができればすぐにでも物件が引き渡されるので、条件さえ合えば、1～2ヵ月で物件の引渡しが行われています。そのために、新築分譲住宅以上に住宅・販売事業者である不動産仲介会社による提携ローンの影響が大きいのが実態です。

　そこで、中古住宅を希望する見込み顧客に対して、金融機関は、不動産仲介会社に相談する前に、住宅ローンの相談をするよう積極的にアピールすることが重要です。

　相談者も、信頼できる不動産仲介会社を探すのに苦労しています。また、不動産仲介会社の紹介物件は、不動産流通機関が運営している「レインズ（不動産流通標準システム）」に登録されている物件情報を紹介しているので、どこの不動産仲介会社でも紹介される物件情報は、大差がないといっても過言ではありません。そこで、相談者と信用関係ができている金融機関が住宅ローンや資金計画に対応して、それから金融機関が連携先の不動産仲介会社を紹介するという方法もあります。そのほうが相談者の安心度も高まり、顧客満足度もアップする可能性があります。

　また、中古物件を希望しているが条件を満たす物件がみつからず、諦めている人もいます。近年、リフォーム前提で中古住宅の購入を行う人も多くなっています。

　しかし、物件引渡し後しかリフォーム費用の見積りができないケースが見受けられ、住宅ローンによってはリフォーム費用が資金使途となっていないケースもあります。相談者は当初からリフォームをすることを念頭に中古住宅を購入を進めている場合がありますので、中古物件購入時の場合は、当初から購入する物件価格だけでなく、リフォーム費用の借入れ希望の有無や希望する概算金額のヒヤリングを必ず行うようにしましょう。リフォーム費用

◆図表２−18　中古物件（一戸建、マンション）の住宅ローン実行の流れ

物　件	資　金	
イベント	イベント	備　考
物件探し ↓ 物件決定 ↓ 買付証明記入 ↓ 重要事項説明 売買契約 ↓ 物件引渡し	 住宅ローン仮審査申込み ↓ 住宅ローン仮審査結果 ↓ 手付金支払い ↓ 住宅ローン本審査申込み ↓ 住宅ローン本審査結果 ↓ 住宅ローン契約 ↓ 代金決済 住宅ローン実行	 リフォーム資金の有無確認 物件価格の１割以内支払 仲介手数料一部支払い 住宅ローン本審査実行日確定で きしだい引渡日仮確定 仲介手数料残金支払い

　が資金使途になっていない場合には、住宅ローンとリフォームローンをあわせて実行できるかを含めて、住宅ローンだけでなく、リフォームローンの提案をあわせて行う必要があります。

　なお、新築住宅との大きな違いは、中古住宅特有の審査にかかわる物件の制約条件を事前に伝える必要があります。

・再建築不可の物件（接道義務を満たしていない敷地や既存不適格建築物）
・増改築などによる未登記物件
・築年数による制約

　個人属性や返済能力に問題がないのに、物件で住宅ローンを否決された場

合、見込み顧客も理由がわからず、金融機関に対して結果としてよい印象を持たないことになるからです。

☆注文住宅

　土地保有者であれば問題はあまりありませんが、土地未保有者は、土地購入から住宅ローンが必要となるケースが、都心部では特に多くあります。また、土地代金の決済を早急に行わなければならず、土地購入時点では建物の施工会社が未定であり、建物の見積りが準備できない場合がケースもよくあります。

　金融機関側としては、審査上、建物の見積書がないと対応できないケースもあり、実際に対応してもらえない相談者も見受けられます。このようなケースを想定し、見込み顧客の獲得のためにも、土地を先行取得してその後に建物の施工会社を比較・検討できるような体制作りが必要です。また、つなぎ融資が必要な場合、つなぎ融資にかかる費用を考慮せず、予算オーバーするケースもよくあります。

　よって、土地を探している段階から、土地購入資金への住宅ローン、つなぎ融資の必要性とそのコスト、建物の工事費用への住宅ローンの流れなどは、相談者にとってわかりにくい仕組みなので、十分に注意を払ってフォローをする必要があります。

　なお、土地探しでは不動産仲介会社の紹介、建物については施工会社の紹介など、住宅・販売事業者との連携を深めるよい機会です。

　土地未保有者の注文住宅は、金融機関にとっては手続上、積極的に対応できない案件かもしれませんが、金融機関の都合ではなく相談者の立場に立った対応により、新規住宅ローンの獲得ができるチャンスになるといえますので、積極的な体制づくりが重要です。

◆図表2−19　注文住宅（土地未保有者）の住宅ローン実行の流れ

物　件		資　金	
イベント		イベント	備　考
土　地	建　物		
物件探し	施工会社探し		
↓	↓		
物件決定	建物工事仮見積り		
↓			つなぎ融資の有無の確認
買付証明記入		住宅ローン仮審査申込み	
↓		↓	
		住宅ローン仮審査結果	
		↓	物件価格の1割以内支払い
重要事項説明売買契約		手付金支払	仲介手数料一部支払い
↓	↓	↓	
		住宅ローン本審査申込み	
		↓	住宅ローン本審査実行日が確定できしだい土地引渡日仮確定
		住宅ローン本審査結果	
		↓	
		住宅ローン契約	
		↓	
		代金決済	
土地引渡し		住宅ローン実行（土地分）	土地登記費用等の支払い
		↓	
	建築プラン決定	住宅ローン本審査申込み（建物分）	
	↓		
	工事請負契約締結	↓	
	↓		
	工事開始	着工金支払い	（つなぎ融資実行）
		↓	
		中間金支払い	（つなぎ融資実行）
		↓	
	建物完成	代金決済	建物登記費用、住宅ローン諸費用等の支払い
	↓	住宅ローン実行	
	建物引渡し	（建物分）	

第3章
借換え住宅ローン推進の実践

借換え市場の現状

ココがポイント！

1　民間金融機関の住宅ローンの新規貸出額は、前年度と比較すると全体的に減少しているものの、借換えの割合は増加傾向にあり、借換え案件の増強を積極的に行う金融機関が多い
2　借換え前の金利タイプは全期間固定金利型が56.9％最も多く、借換え後の金利タイプは変動金利型が45.7％と最も多くなっている
3　住宅ローンの借換えを完了した契約者の借換えの理由としては「金利の低下」、「返済額の減額」が主たるものであるが、「今後の金利上昇」や「返済額の増額」など金利上昇に対する不安を払拭することを理由とすることもある

☆金融機関の動向

　住宅金融支援機構が毎年行っている調査に金融機関を対象とした「民間住宅ローンの貸出動向調査結果」があります。このうち、「平成21年度の新規貸出額の対前年度増減（「図3－1」）」について見てみると、全体では「大幅増・増加（21.5％＋10.4％＝31.9％）」に対して「大幅減・減少（12.8％＋28.4％＝41.2％）」と、新築住宅販売などが依然として低迷している影響で、減少と回答した金融機関の割合が多くなっています。
　一方、借換えについて、「平成21年度の新規貸出額（うち借換え）の対前年度増減（「図表3－2」）を見てみると、「大幅増・増加（42.5％＋9.7％＝52.2％）」に対して「大幅減・減少（10.1％＋13.0％＝23.1％）」と、「増加」と回答した金融機関の割合が多い状況です。くわしくみてみると、「都銀・信託」、「地方銀行」、「第二地方銀行」、「信用金庫」、「モーゲージバンク・そ

図表3－1　平成21年度の新規貸出額の対前年度増減（住宅ローン）

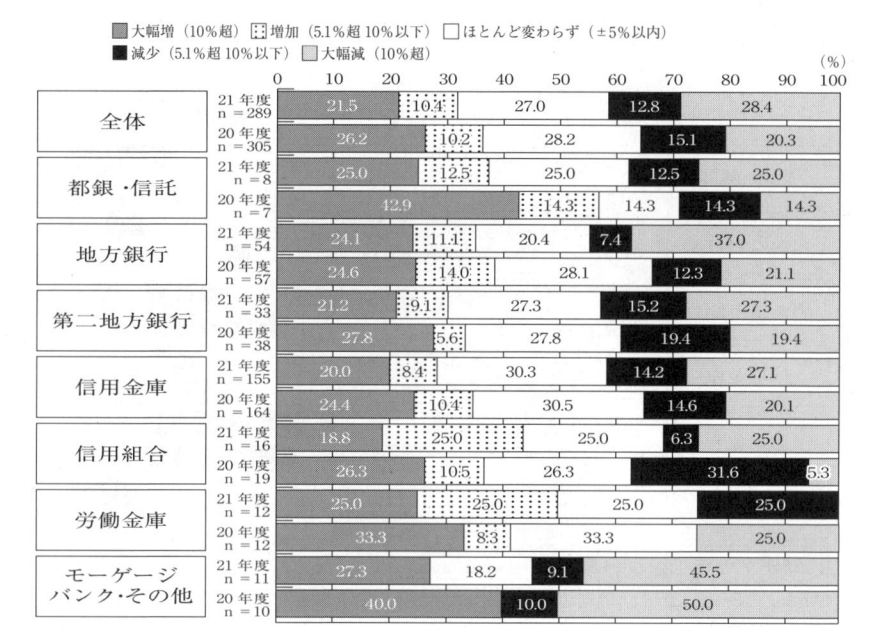

区分	年度	n	大幅増(10%超)	増加(5.1%超10%以下)	ほとんど変わらず(±5%以内)	減少(5.1%超10%以下)	大幅減(10%超)
全体	21年度	289	21.5	10.3	27.0	12.8	28.4
全体	20年度	305	26.2	10.2	28.2	15.1	20.3
都銀・信託	21年度	8	25.0	12.5	25.0	12.5	25.0
都銀・信託	20年度	7	42.9		14.3	14.3	14.3	14.3
地方銀行	21年度	54	24.1	11.1	20.4	7.4	37.0
地方銀行	20年度	57	24.6	14.0	28.1	12.3	21.1
第二地方銀行	21年度	33	21.2	9.1	27.3	15.2	27.3
第二地方銀行	20年度	38	27.8	5.6	27.8	19.4	19.4
信用金庫	21年度	155	20.0	8.4	30.3	14.2	27.1
信用金庫	20年度	164	24.4	10.4	30.5	14.6	20.1
信用組合	21年度	16	18.8	25.0	25.0	6.3	25.0
信用組合	20年度	19	26.3	10.5	26.3	31.6	5.3
労働金庫	21年度	12	25.0	25.0	25.0		25.0
労働金庫	20年度	12	33.3	8.3	33.3		25.0
モーゲージバンク・その他	21年度	11	27.3		18.2	9.1	45.5
モーゲージバンク・その他	20年度	10	40.0		10.0		50.0

※　nは「回答数」
(出所)住宅金融支援機構「平成22年度　民間住宅ローンの貸出動向調査結果」

の他」については、前年と比較して「大幅増、増加」と回答した割合が増えています。「都銀・信託」については前年見なれなかった「大幅増」が増えており、特に「地方銀行」、「第二地方銀行」については「大幅増」または「増加」と回答した割合が前年よりも大きく増えていることが顕著に現れています。

　また、「新規貸出額に占める借換え（「図表3－3」）」を見てみると、平成21年度は平均33.1％と他の年度よりも増加の幅が大きくなっていることがわかります。新規貸出の3割を超える状況です。

　各金融機関の今後の住宅ローンの積極化策については、「借換え案件の増強」が第1位となり、構成比も前年対比で約10％増加しており、他の積極化策よりも増加の幅が大きくなっていることがわかります。

◆図表3-2 平成21年度の新規貸出額（うち借換え）の対前年度増減（住宅ローン）

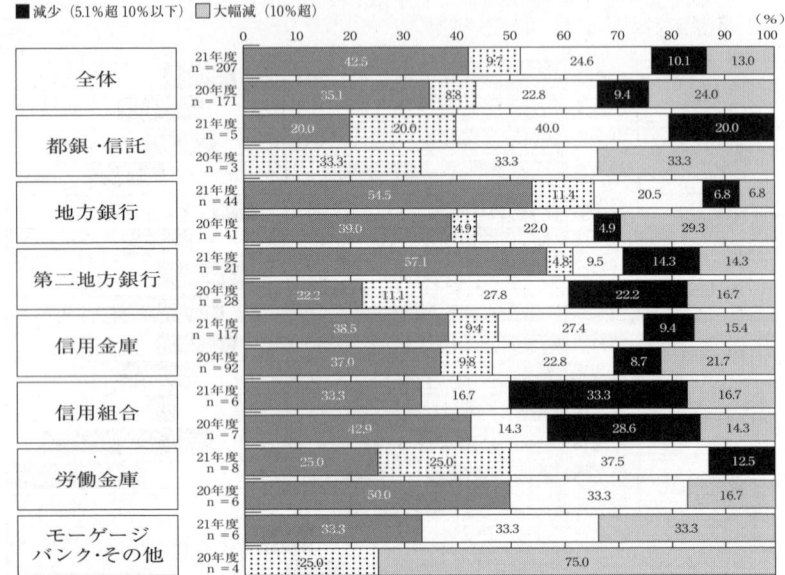

■大幅増（10%超）　□増加（5.1%超10%以下）　□ほとんど変わらず（±5%以内）
■減少（5.1%超10%以下）　□大幅減（10%超）

（単位：%）

	n	大幅増	増加	ほとんど変わらず	減少	大幅減
全体 21年度	207	42.5	9.7	24.6	10.1	13.0
全体 20年度	171	35.1	8.8	22.8	9.4	24.0
都銀・信託 21年度	5	20.0	20.0	40.0		20.0
都銀・信託 20年度	3	33.3		33.3		33.3
地方銀行 21年度	44	54.5	11.4	20.5	6.8	6.8
地方銀行 20年度	41	39.0	4.9	22.0	4.9	29.3
第二地方銀行 21年度	21	57.1	4.8	9.5	14.3	14.3
第二地方銀行 20年度	28	22.2	11.1	27.8	22.2	16.7
信用金庫 21年度	117	38.5	9.4	27.4	9.4	15.4
信用金庫 20年度	92	37.0	9.8	22.8	8.7	21.7
信用組合 21年度	6	33.3	16.7		33.3	16.7
信用組合 20年度	7	42.9		14.3	28.6	14.3
労働金庫 21年度	8	25.0	25.0	37.5		12.5
労働金庫 20年度	6	50.0		33.3		16.7
モーゲージバンク・その他 21年度	6	33.3		33.3		33.3
モーゲージバンク・その他 20年度	4	25.0		75.0		

※nは「回答数」
（出所）住宅金融支援機構　「平成22年度　民間住宅ローンの貸出動向調査結果」

◆図表3-3　新規貸出額に占める借換え割合

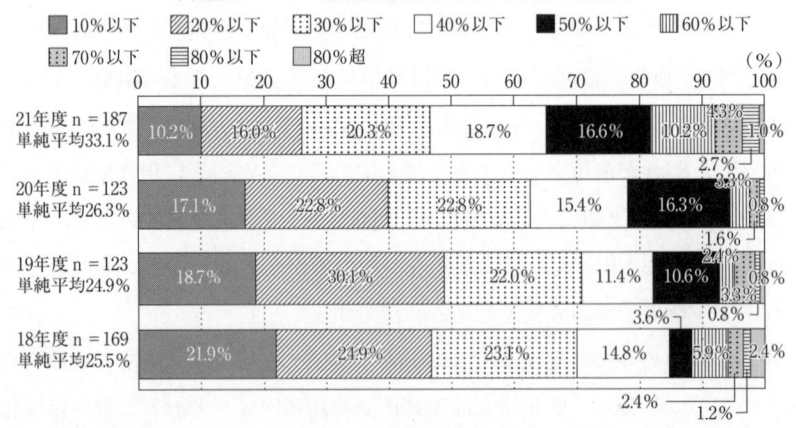

■10%以下　■20%以下　□30%以下　□40%以下　■50%以下　■60%以下
■70%以下　■80%以下　□80%超

（単位：%）

	10%以下	20%以下	30%以下	40%以下	50%以下	60%以下	70%以下	80%以下	80%超
21年度 n=187 単純平均33.1%	10.2	16.0	20.3	18.7	16.6	10.2	4.3	2.4	1.0
20年度 n=123 単純平均26.3%	17.1	22.8	22.8	15.4	16.3	3.3	2.7	0.8	
19年度 n=123 単純平均24.9%	18.7	30.1	22.0	11.4	10.6	2.4	3.3	0.8	1.6
18年度 n=169 単純平均25.5%	21.9	24.9	23.1	14.8	5.9	3.6	2.4	1.2	2.4

※nは「回答数」
（出所）住宅金融支援機構　「平成22年度　民間住宅ローンの貸出動向調査結果」

◆図表3−4　今後の積極化方策

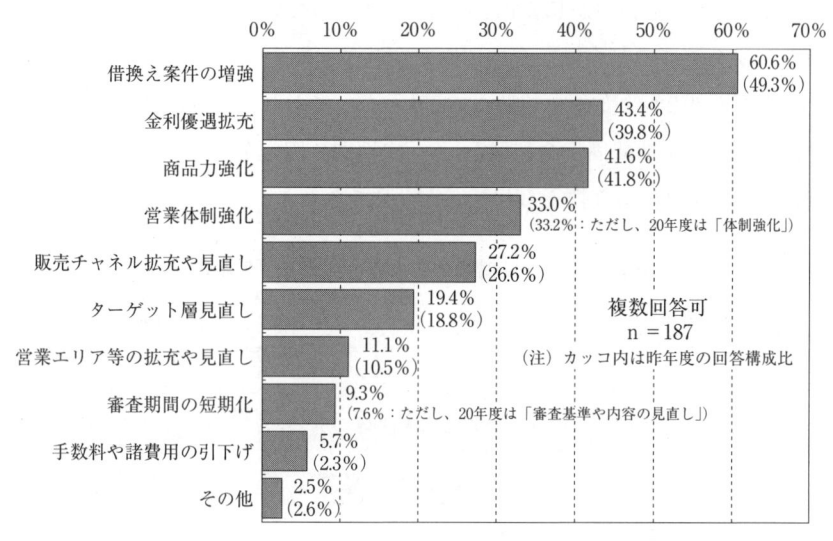

項目	割合	(昨年度)
借換え案件の増強	60.6%	(49.3%)
金利優遇拡充	43.4%	(39.8%)
商品力強化	41.6%	(41.8%)
営業体制強化	33.0%	(33.2%：ただし、20年度は「体制強化」)
販売チャネル拡充や見直し	27.2%	(26.6%)
ターゲット層見直し	19.4%	(18.8%)
営業エリア等の拡充や見直し	11.1%	(10.5%)
審査期間の短期化	9.3%	(7.6%：ただし、20年度は「審査基準や内容の見直し」)
手数料や諸費用の引下げ	5.7%	(2.3%)
その他	2.5%	(2.6%)

複数回答可
n＝187
（注）カッコ内は昨年度の回答構成比

※　nは「回答数」
（出所）住宅金融支援機構　「平成22年度　民間住宅ローンの貸出動向調査結果」

　このように金融機関は、住宅ローンにおける新規貸出の低迷などの状況を受けて、借換え案件の獲得にも注力することにより実績を増加させており、今後も借換え案件には、積極的に行っていく金融機関が多くなっています。よって、住宅ローンの借換えについて、住宅取得・購入の新規住宅ローンと同様に重点をおく必要があり、他の金融機関との競争が激化状態であることを再認識する必要があります。

☆借換えを完了した住宅ローン契約者の動向

　住宅ローンの借換えを完了した契約者の動向については、住宅金融支援機構が毎年行っている「民間住宅ローン借換の実態調査」により把握することができます。
　借換え前と借換え後の金利タイプの変化は、「図表3−5」のとおりです。

借換え後では、全期間固定金利型が16.5％、（一定期間）固定金利選択型が37.8％、変動金利型が45.7％という結果となっています。ちなみに借換え前の金利タイプの割合は、全期間固定金利型が56.9％、（一定期間）固定金利選択型が29.2％、変動金利型が13.9％となっており、全体の割合でみると、借換えにより全期間固定金利型が、（一定期間）固定金利選択型や変動金利型の金利タイプに借り換えられている状況です。

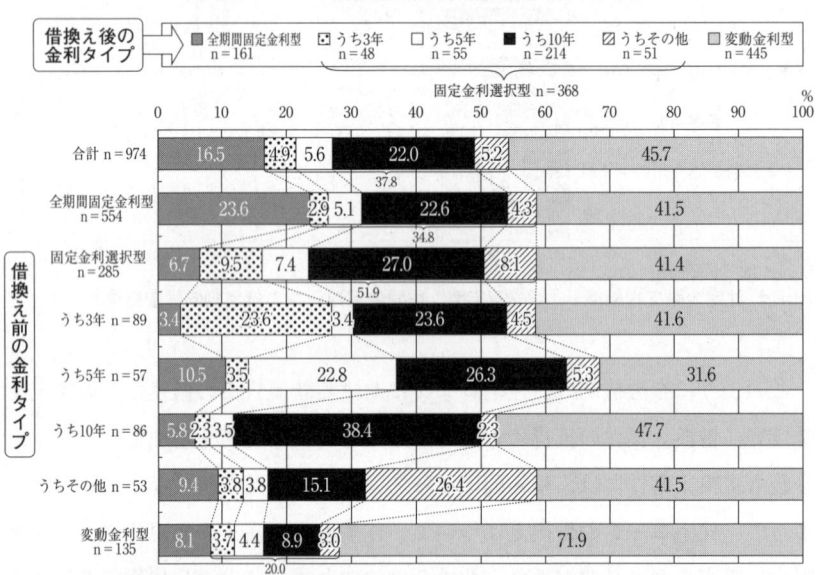

◆図表3－5　借換えによる金利タイプの変化

凡例：
- 借換え後の金利タイプ
- 全期間固定金利型 n＝161
- 固定金利選択型 n＝368（うち3年 n＝48、うち5年 n＝55、うち10年 n＝214、うちその他 n＝51）
- 変動金利型 n＝445

借換え前の金利タイプ別データ：

借換え前	全期間固定	うち3年	うち5年	うち10年	うちその他	変動金利型
合計 n=974	16.5	4.9	5.6	22.0	5.2	45.7
全期間固定金利型 n=554	23.6	2.9	5.1	22.6	4.3	41.5
固定金利選択型 n=285	6.7	9.5	7.4	27.0	8.1	41.4
うち3年 n=89	3.4	23.6	3.4	23.6	4.5	41.6
うち5年 n=57	10.5	3.5	22.8	26.3	5.3	31.6
うち10年 n=86	5.8	2.3	3.5	38.4	2.3	47.7
うちその他 n=53	9.4	3.8	3.8	15.1	26.4	41.5
変動金利型 n=135	8.1	3.7	4.4	8.9	3.0	71.9

※　nは「回答数」
（出所）住宅金融支援機構　「平成22年度　民間住宅ローン借換の実態調査」

　また、借換えの理由として、「金利が低くなるから」や「返済額が少なくなるから」という回答が、それぞれ63.3％、53.9％と高い割合を示しています。また、旧住宅金融公庫による直接融資が11年目以降に適用金利が上昇する、または、（一定期間）固定金利選択型の当初金利優遇期間が終了して適用金利が上昇すること等が原因と見られる「適用金利が上昇し返済額が増え

るから」という理由も、26.1%となっています。このように、借換え経験者は、適用金利の低下や返済額の減少などによって、家計の負担を軽減させることを目的としています。

ただし、少数ながら「今後の金利上昇や毎月の返済額増加が不安になったから」という回答が9.1%、「変動金利型に移行するのが不安だったから」という回答も5.1%と、家計の負担を軽減することでなく、金利上昇による返済額が増加するかもしれないという将来の不安をなくすため、借換えを検討しているケースがあることも認識しておく必要があります。

◆図表３－６　借換理由

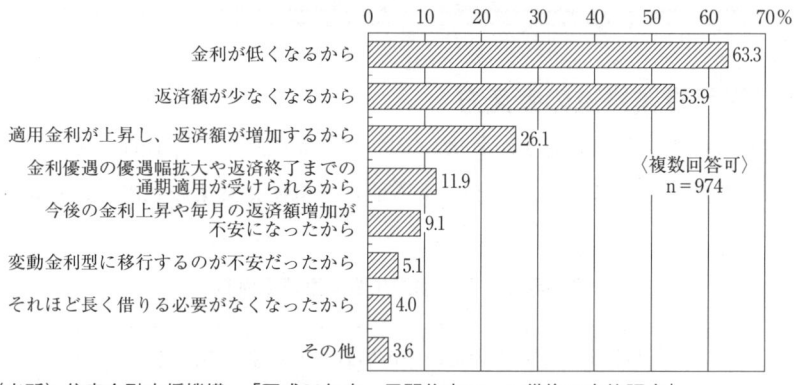

借換理由	%
金利が低くなるから	63.3
返済額が少なくなるから	53.9
適用金利が上昇し、返済額が増加するから	26.1
金利優遇の優遇幅拡大や返済終了までの通期適用が受けられるから	11.9
今後の金利上昇や毎月の返済額増加が不安になったから	9.1
変動金利型に移行するのが不安だったから	5.1
それほど長く借りる必要がなくなったから	4.0
その他	3.6

〈複数回答可〉n＝974

（出所）住宅金融支援機構　「平成22年度　民間住宅ローン借換の実態調査」

借換え営業推進対策

🧠 ココがポイント！

1. 借換えの営業推進を行う場合、まずは営業エリアの特性を把握して営業工作先を明確にすることが重要である
2. 営業エリア内の競合他行の営業活動動向をよく把握して、他行との差別化を積極的に行う
3. 借換えは、新規の住宅ローンと比較して、住宅・販売事業者の影響がないので、直接営業できる可能性がある

☆借換え営業推進の考え方

　他行との差別化は、競争が激化している状況を前提に、「民間住宅ローンの貸出動向調査」などのデータによる他行の借換え営業の状況や、営業エ

◆図表3－7　借換え営業推進の流れ

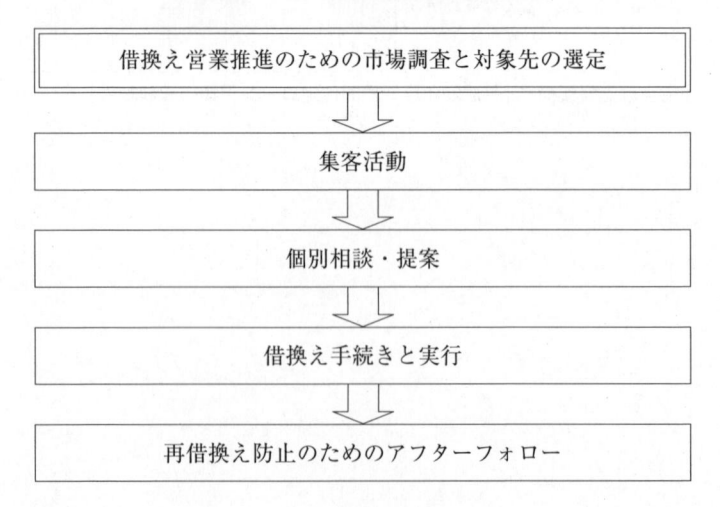

```
┌─────────────────────────────────┐
│ 借換え営業推進のための市場調査と対象先の選定 │
└─────────────────────────────────┘
                ↓
┌─────────────────────────────────┐
│              集客活動              │
└─────────────────────────────────┘
                ↓
┌─────────────────────────────────┐
│           個別相談・提案           │
└─────────────────────────────────┘
                ↓
┌─────────────────────────────────┐
│         借換え手続きと実行         │
└─────────────────────────────────┘
                ↓
┌─────────────────────────────────┐
│    再借換え防止のためのアフターフォロー    │
└─────────────────────────────────┘
```

リア内の具体的な他行の借換え営業推移状況を踏まえて行う必要があります。また、営業エリアの居住者の傾向（年齢・家族構成、分譲済マンションの戸数、建築済一戸建て戸数、それぞれの建物の建築経過年数、職域工作対象となる企業・団体の有無など）を把握して、その特性に合った営業推進対策が必要です。

「借換え営業推進の流れ」の全体を考えた場合、営業エリア内の市場調査と候補先の選定は、とても重要となります。

☆借換え営業推進からみた営業エリア内の特性把握の項目

以下のように調査項目を取り上げて、対象となるマーケットの把握に努めるようにします。

●対象マーケットの把握

- 年齢および家族構成：50代以降の高年齢層が多いか、もしくは30～40代のファミリー層が多いか、もしくは単身者が多いか
- 建物の種類：賃貸物件が多いか、もしくは自己所有物件が多いか、分譲済マンションの戸数、もしくは建築済一戸建て戸数が多いか
- 自己所有物件の特性：マンションが多いか、もしくは一戸建てが多いか、築年数はどれくらいの建物が多いか
- 職域工作先の確認：職域工作の対象となる一般事業法人、生協など既存顧客を保有する団体
- 連携先の確認：保険会社支社、保険代理店

●競合他行の把握

以下のように競合他行の動向を察知し、営業工作に対応させながら、借換営業を行っていく必要があります。

- 借換え用の適用金利の把握
- 店舗でのPR方法
- 折込みチラシなどの広告活動
- 相談会の開催状況
- 戸別訪問による営業活動状況　など

　借換え営業は、マイホーム取得・購入の新規住宅ローン営業のように住宅・販売事業者の影響がなく、自行にて直接見込み顧客を集客して獲得するという違いがあり、この特性を考慮する必要があります。

　住宅ローン取引を行っている場合は、優遇金利の条件などにより家計全体の取引の囲込みが行われています。普通預金が給与振込指定口座や公共料金などの引落口座に指定されているケースが多い状況を踏まえれば、家計のメインバンクの移行も狙った、他行からの借換え営業推進による新規見込み顧客へのアプローチを検討することも重要といえます。

　現在、盛んに金利優遇競争が行われています。新規住宅ローンの優遇金利体系とは別に、借換え専用の優遇金利制度を設けている金融機関も増えています。借換え経験者のアンケート結果をみると、適用金利が低くなることや返済額が少なくなることが借換えの理由の上位にあるので、一定の金利優遇

◆図表3－8　借換え営業と新規営業の相違イメージ

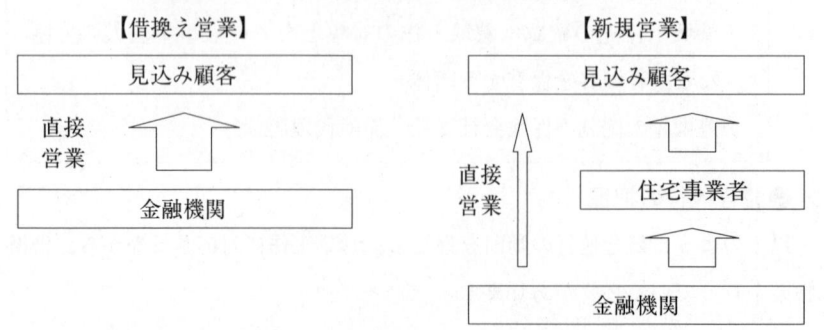

【借換え営業】

見込み顧客　↑　直接営業　　金融機関

【新規営業】

見込み顧客　↑　直接営業　　住宅事業者　↑　金融機関

は、やむをえない点があります。しかし、現在行われている金利優遇競争には限界があり、また収益圧迫につながるので、それ以外の付加価値をどのように借換えの見込顧客にアピールして提供するかという観点からの借換え営業推進が重要となります。

借換えの対象先の選定

> **ココがポイント！**
> 1 既存個人取引先の場合、借換えの提案の漏れがないか再確認する必要がある
> 2 新規個人取引先の場合、見込み顧客の所有する建物の特性ごとに、営業推進活動を行う必要がある
> 3 「家計の見直し」提案の一環として、借換え提案を行うことも有効である

☆既存個人取引先からの見込み顧客の発掘方法

　旧住宅金融公庫から民間金融機関への借換えの提案は、すでにピークを超えたといわれており、すでに借換え営業を行っているケースも考えられますが、もう一度、借換え提案の漏れはないかどうかの確認が必要です。

　また、既存個人取引先でも自行がメインバンクでなく、他行で住宅ローンを借入れして返済しているケースもあります。この場合、既存個人取引先の住所をもとに自己所有と思われる物件、すなわち一戸建てか分譲マンションかを確認し、自己所有物件の物件であれば、ダイレクトメール、戸別訪問などによる営業工作を行います。

　なお、個人所有物件かを正確に確認する方法は、費用はかかりますが、法務局での不動産登記簿の閲覧（登記事項要約書）を行ったり、不動産登記簿謄本（登記事項証明書）を個別に取得して確認する方法があります。建物の不動産登記簿謄本（登記事項証明書）の表題部からは「新築時期」、土地と建物の不動産登記簿謄本（登記事項証明書）の権利部（甲区）からは所有者の確定（単独名義か共有名義かの確認も可）、権利部（乙区）からは抵当権等の設定先や当初借入金の金額などを確認できます。特に権利部（乙区）の

◆図表3－9　一戸建ての土地の登記事項証明書

表　題　部　（土地の表示）	謹製	余白		不動産番号	■■■■■■■
地図番号	余白		筆界特定	余白	
特別区○○一丁目　101番地				余白	

①　地　番	①　地　目	③　面　　積　㎡	原因及びその日付（登記の日付）
○○○番	宅地	400 00	不詳 （平成20年○月○○日）

所　有　者	千葉県船橋市○○町○丁目○番○号　　A 野 B 郎

権　利　部　（　甲　区　）　（所　有　権　に　関　す　る　事　項）				
順位番号	登　記　の　目　的	受付年月日・受付番号	権　利　者　そ　の　他　の　事　項	
1	所有権保存	平成20年○月○○日 第○○○号	所有者　千葉県船橋市○○町○丁目○番○号 　　　　A 野 B 郎	
2	所有権移転	平成20年○月○○日 第○○○号	■■　平成20年○月○○日売買 所有者　特別区○○町○丁目○番○号 　　　　C 務 D 郎	

権　利　部　（　乙　区　）　（所　有　権　以　外　の　権　利　に　関　す　る　事　項）		
順位番号	登　記　の　目　的	受付年月日・受付番号	権　利　者　そ　の　他　の　事　項
1	抵当権設定	平成20年○月○○日 第○○○号	原因　平成20年○月○○日金銭消費貸借同日 　　　設定 ■■額　金4，000万円 利息　年2・60％（年365日日割計算） 損害金　年14・5％（年365日日割計算） 債務者　特別区町○丁目○番○号 　　　　C 務 D 郎 抵当権者　特別区○○町○丁目○番○号 　　　　　株　式　会　社　南　北　銀　行 　　　　　　（取扱店　○○支店） 共同担保　目録（○）第○○○○号

共　同　担　保　目　録			
記号及び番号	（○）第○○○○号		調整	平成20年○月○○日
番　号	担保の目的である権利の表示	順位番号	予　　備	
1	特別区○○町○丁目　○○○番の土地	1	余白	
2	特別区○○○丁目　○○○番地　家屋番号 ○○○番の建物	1	余白	

これは登記記録に記録されている事項の全部を証明した書類である。

平成20年○月○○日
▨▨▨法務局　▨▨▨出張所　　　　登記官　　　　○　○　○　○

＊　下線のあるものは抹消事項であることを示す。

◆図表3－10　一戸建ての建物の登記事項証明書

表　題　部 (主である建物の表示)	調製	余　白	不動産番号	
所在図番号	余　白			
所　　在	特別区○○町○丁目　○○○番地		余　白	
家屋番号	○○○番		余　白	
①　種　類	②　構　造	③　床　面　積　　㎡	原因及びその日付(登記の日付)	
居宅	木造かわらぶき2階建	1階　　　90：00 2階　　　80：00	平成20年○月○○日新築 (平成20年○月○○日)	

表　題　部 (附属建物の表示)				
符号	①種類	②　構　造	③　床　面　積　　㎡	原因及びその日付(登記の日付)
1	物置	木造かわらぶき平屋建	20：00	(平成20年○月○○日)
所　有　者	特別区○○町○丁目○番○号　　A　務　B　郎			

権　利　部（甲　区）（所　有　権　に　関　す　る　事　項）			
順位番号	登　記　の　目　的	受付年月日・受付番号	権　利　者　そ　の　他　の　事　項
1	所有権保存	平成20年○月○○日 第○○○号	所有者　特別区○○町○丁目○番○号 　　　　A　務　B　郎

権　利　部（乙　区）（所　有　権　以　外　の　権　利　に　関　す　る　事　項）			
順位番号	登　記　の　目　的	受付年月日・受付番号	権　利　者　そ　の　他　の　事　項
1	抵当権設定	平成20年○月○○日 第○○○号	原因　平成20年○月○○日金銭消費貸借同日設定 債権額　金4,000万円 利息　年2・60％（年365日日割計算） 損害金　年14・5％（年365日日割計算） 債務者　特別区○○町○丁目○番○号 　　　　A　務　B　郎 抵当権者　特別区北○○町○丁目○番○号 　　　　株　式　会　社　南　北　銀　行 　　　　（取扱店　○○支店） 共同担保　目録(○)第○○○○号

共　同　担　保　目　録				
記号及び番号	(○)第2340号		調整	平成20年○月○○日
番　号	担保の目的である権利の表示	順位番号	予　　　備	
1	特別区○○町○丁目　○○○番の土地	1	余　白	
2	特別区○○町○丁目　○○○番地　家屋番号 101番の建物	1	余　白	

これは登記記録に記録されている事項の全部を証明した書類である。
平成20年○月○○日
　■■■■法務局　　出張所　　　　　登記官　　　　　○　○　○　○

＊　下線のあるものは抹消事項であることを示す。

◆図表3-11　マンションの登記事項証明書

専有部分の家屋番号				
表　題　部　　（一棟の建物の表示）	調整	平成13年○月○○日	所在図番号	余白
所　　　在	○○市○○町2丁目　00番地00		余白	
建物の名称	○○○○マンション		余白	

①　構　造	②　床　面　積　　㎡	原因及びその日付（登記の日付）
鉄筋コンクリート造陸屋根5階建	1階　　471 55 2階　　332 30 3階　　333 30 4階　　274 89 5階　　275 89	余白
余白	余白	昭和63年法務省令第37号附則第2条第2項の規定により移記 平成13年○○月○○日

表　題　部　　（敷地権の目的である土地の表示）				
①土地の符号	②　所　在　及　び　地　番	③地目	④　面　積　　㎡	登　記　の　日　付
1	○○市○○町2丁目○○番○○	宅地	820 11	昭和63年○月○○日

表　題　部　　（専有部分の建物の表示）		不動産番号	0000000000000
家屋番号	○○町2丁目　00番00の101		余白
建物の名称	101		余白

①　種　類	②　構　造	③　床　面　積　　㎡	原因及びその日付（登記の日付）
居宅	鉄筋コンクリート造1階建	1階部分　　44 11	昭和63年○月○○日新築
余白	余白	余白	昭和63年法務省令第37号附則第2条第2項の規定により移記 平成13年11月21日

表　題　部　　（敷地権の表示）			
①土地の符号	②敷地権の種類	③　敷　地　権　の　割　合	原因およびその日付（登記の日付）
1	所有権	1000分の350	昭和63年○月○○日　敷地権 （昭和63年○月○○日）

権　利　部　（　甲　区　）　（所　有　権　に　関　す　る　事　項）			
順位番号	登　記　の　目　的	受付年月日・受付番号	権　利　者　そ　の　他　の　事　項
1	所有権保存	昭和63年○月○○日 第0000号	原因　昭和63年○月○○日売買 所有者　○○市○○町一丁目1番地1 　　　　○○○○ 順位1番の登記を移記
	余白	余白	昭和63年法務省令第37附則第2条第2項の規定により移記

これは登記記録に記録されている事項の全部を証明した書類である。

平成20年○月○○日
　　　法務局　　　出張所　　　　　登記官　　　　○○○○

＊　下線のあるものは抹消事項であることを示す。

情報により、現在の住宅ローンの借入先、すでに借換えを行っているかどうか、借入時期を把握することが可能です。

この情報をもとに、見込み顧客のとなる住宅ローンの概略の情報を把握できるので、見込み顧客にあった借換え提案も可能となります。なお、不動産登記簿謄本（登記事項証明書）は誰にでも取得できるものですが、見込み顧客の承諾なしに事前取得していることはよい印象を与えないので、取扱いには十分な注意が必要です。

☆候補となる見込み顧客の発掘方法

預金取引などがない新規の借換えの見込み顧客については、まず営業エリア内の対象物件、すなわち自己所有と思われる一戸建て、マンションのリストアップを行います。

一戸建ての場合は、作成した見込み顧客のリストをもとに、チラシのポスティングや個別訪問を行います。

マンションの場合は、ポスティングや戸別訪問もありますが、オートロックやポスティングが禁止されている物件が増えているので、マンション管理会社やマンション管理組合への提案も考える必要があります。

マンション管理会社へは、管理先のマンション居住者へのサービスの一環として、住宅ローン借換え相談会の開催やチラシの配布などを提案します。また、管理組合については、マンション管理会社やマンション管理人室に在住する管理人などを通じて管理組合に対して、住宅ローン借換え相談会の開催やチラシの配布の提案をします。

この場合、「住宅ローンの金利情報」や、「住宅ローン借換えによる家計負担の軽減相談」等、住宅ローンの商品性を全面に出してアピールするような提案ではなく、あくまでもマンション居住者へのメリットが何であるかを強調することが重要といえます。

なお、自行にマンション管理組合の修繕積立金の預金があるのであれば、

借換えの対象先の選定

その管理組合に対して最優先に居住者に対する住宅ローンの借換えを積極的に提案しましょう。

特に戸別訪問の場合、事前情報の収集を行って、相談者にあった提案を行いましょう。具体的には、既存個人取引先と同様に不動産登記簿謄本（登記事項証明書）を活用した情報収集の方法があります。これにより、現在返済中の住宅ローンの概要を把握することができ、効果的な提案が可能です。

2000（平成12）年頃からの民間金融機関の住宅ローンの金利競争激化や、2001（平成13）年12月の住宅金融公庫の廃止の決定などにより、2000（平成12）年以降の住宅ローンの借入先は、旧住宅金融公庫の直接融資から民間金融機関に大きくシフトしました。その結果、それ以降の住宅ローンの金利タイプは、優遇金利制度が適用された一定期間固定金利選択型や変動金利型が主流となりました。

よって、2000（平成12）年以降に住宅ローンを借入れした見込み顧客は、

◆図表3－12　住宅ローン新規融資額の推移

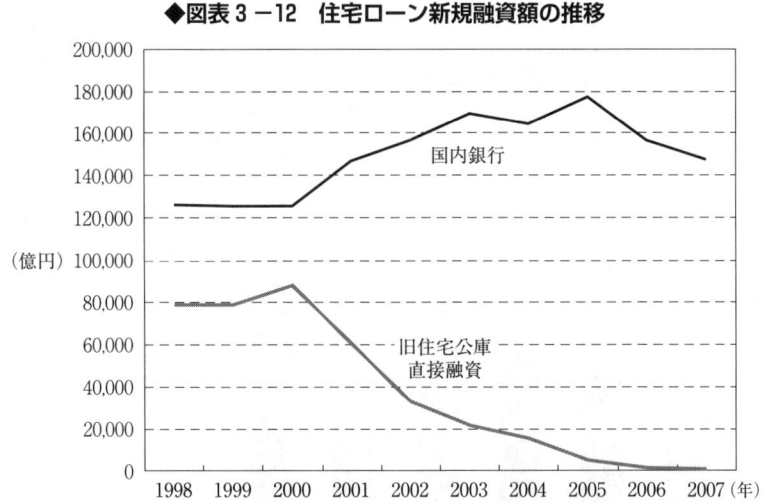

（出所）住宅金融支援機構　「業態別住宅ローンの新規貸出額及び貸出残高の推移」より抜粋

◆図表3-13 新規貸出額の推移（全体）

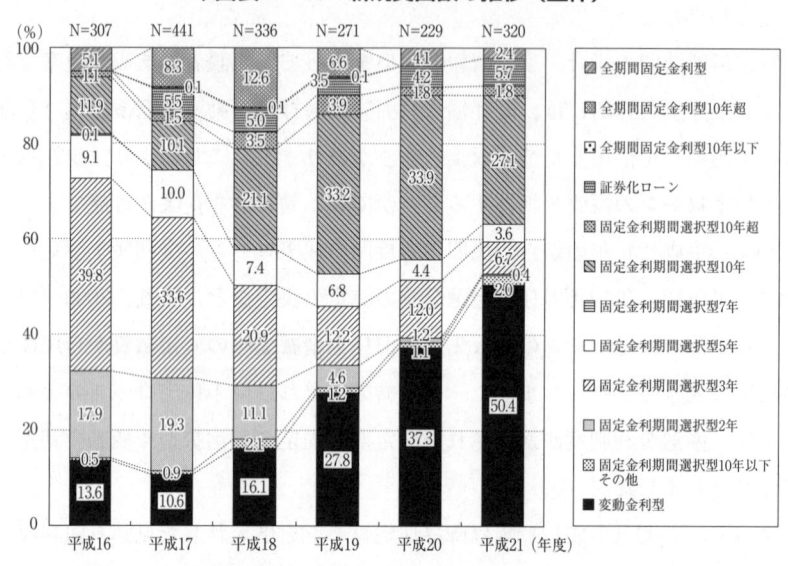

年度	変動金利型	固定金利期間選択型2年	固定金利期間選択型3年	固定金利期間選択型5年	固定金利期間選択型7年	固定金利期間選択型10年	固定金利期間選択型10年超	証券化ローン	全期間固定金利型10年以下	全期間固定金利型10年超	全期間固定金利型
平成16 (N=307)	13.6	0.5	17.9	39.8	9.1	0.1	11.9	1.1	—	5.1	—
平成17 (N=441)	10.6	0.9	19.3	33.6	10.0	10.1	5.5	1.5	0.1	8.3	—
平成18 (N=336)	16.1	2.1	11.1	20.9	7.4	21.1	5.0	3.5	0.1	12.6	—
平成19 (N=271)	27.8	1.2	4.6	12.2	6.8	33.2	3.9	3.5	0.1	6.6	—
平成20 (N=229)	37.3	1.1	12.2	12.0	4.4	33.9	1.8	4.2	—	4.1	—
平成21 (N=320)	50.4	2.0	0.4	6.7	3.6	27.1	1.8	5.7	—	2.4	—

◆図表3-14 貸出残高の推移（全体）

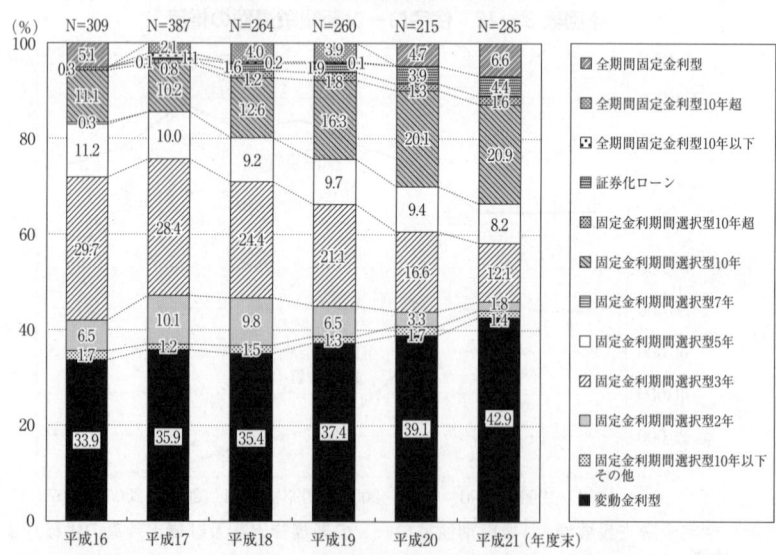

年度	変動金利型	固定金利期間選択型2年	固定金利期間選択型3年	固定金利期間選択型5年	固定金利期間選択型7年	固定金利期間選択型10年	固定金利期間選択型10年超	証券化ローン	全期間固定金利型10年以下	全期間固定金利型10年超	全期間固定金利型
平成16 (N=309)	33.9	1.7	6.5	29.7	11.2	0.3	11.1	0.3	—	5.1	—
平成17 (N=387)	35.9	1.2	10.1	28.4	10.0	—	10.2	0.8	0.1	2.1	1.1
平成18 (N=264)	35.4	1.5	9.8	24.4	9.2	12.6	1.6	—	0.2	4.0	—
平成19 (N=260)	37.4	1.3	6.5	21.1	9.7	16.3	1.8	1.9	0.1	3.9	—
平成20 (N=215)	39.1	1.7	3.3	16.6	9.4	20.1	1.3	3.9	—	4.7	—
平成21 (N=285)	42.9	1.4	1.8	12.1	8.2	20.9	1.6	4.4	—	6.6	—

（出所）国土交通省「平成22年度　民間住宅ローンの実態に関する調査」

主に金利タイプについて、一定期間固定金利選択型や変動金利型を選択しているケースが多いことを想定して提案する必要があります。

ポスティングや戸別訪問以外に、個別相談会などのイベント開催による集客方法もあります。「住宅ローンの借換え相談」を前面に出している金融機関も多く見受けられますが、差別化と対象者の間口を広げるためにも、「住宅ローン借換えによる"家計見直し"相談会」というように、住宅ローンの借換えよりも見込み顧客へのメリットを強調した内容が有効的です。

☆住宅ローン借換えの推進のための提携先

マンション管理会社との提携以外にも、見込み顧客の発掘ができる提携先をつくることが重要です。

●住宅・販売事業者

新規住宅ローンでは、有力な提携先である住宅・販売事業者から、住宅ローンの借換え見込み顧客が居住する一戸建てやマンションに関する築年数などの情報、また、マンションの場合は、管理会社の紹介などが見込まれるので、新規住宅ローンの見込み顧客だけでなく住宅ローンの借換えの見込み顧客に関する情報を得ることができ、情報源としても重要な提携先です。

ただし、個別情報の提供は個人情報保護上難しいこと、また、住宅・販売事業者が提携ローンを提供した物件に関しては、住宅・販売事業者と提携ローンを提供した金融機関との関係への影響などを十分に配慮する必要があります。

●法人の職域工作

新規住宅ローンに限らず、既存取引先の法人の従業員も重要な見込み顧客となります。職域工作での借換えの相談は、会社の経営陣にとっても従業員への福利厚生サービスとして受け入れられやすく、また従業員の関心も高くなっています。金融機関に相談するタイミングを逃している人もいるため、これらの提案は有効となります。

●公共機関の職域工先

　市町村などの役所・役場、警察、消防署、学校関係など、営業エリア内の公共機関への営業です。すでに公務員の共済会を窓口にした借換え相談を行っているケースもありますが、十分に共済会の窓口が活用されていないケースもあります、そこで、そこに勤務する公務員向けに共済会とは別に、相談できる窓口としての提案を行いましょう。

●保険会社

　新規住宅ローンと同様に、生命保険会社の支社、損害保険会社やその代理店などは、多くの顧客を保有しており、保険商品の提供を通じて家計の相談に対応することもよくあります。一部の生命保険会社はグループ会社の住宅ローンの代理店となり、保険代理店へ生命保険だけでなく住宅ローンも提供しています。また、保険代理店が生命保険の見直しとセットで住宅ローンの借換え提案を行うことにより実績をあげています。

●個人会員を保有する団体

　生活協同組合（生協）など多くの個人会員を保有する団体は、共済会による保険商品の提供を行っています。その共済会に協力を依頼するなどして、保険商品だけでなく住宅ローンの借換えも個人会員のメニュー揃えてもらうなどの提案を行いましょう。

☆見込み顧客の集客手法

　住宅ローンの借換えについては、各行とも適用金利の引下げを行ったり、借換え専用の金利優遇制度を新設するなどして積極的に営業推進を行っています。

　また、見込み顧客も金利優遇や適用金利を借換えの選択基準にしているので、借換え住宅ローンのアピールは、各行とも全面的に適用金利に重点を置いて、住宅ローンの借換えによる経済的な"損得"面を強調した内容になっています。

もちろん、見込み顧客を集客するためには、適用金利の低さや借換え前後の返済額の比較など、経済的な"損得"のアピールの重要ですが、他行との差別化を行うことや収益を圧迫する可能性がある金利競争を回避するためにも、適用金利の低さのみに重点を置いた現在の集客方法以外の営業方法を考える必要があります。

　具体的には、「家計の見直し」の観点からの住宅ローンの借換え提案をアピールすることです。住宅ローンの借換えの目的は、適用金利を低くして返済額を少なくすること以外にも、次のような不満や問題点があることを前提に、見込み顧客へのアピールを行う必要があります。

- 一定期間固定金利選択型の金利タイプを選択したが、返済を始めてみると適用金利の見直しごとに返済額が変わるために返済しにくい
- ボーナス時増額返済の割合が多すぎて、ボーナスの減額による家計への影響が大きくなった
- 今は問題ないが、将来金利が上昇したら返済ができるかどうか不安に思う
- 年収が思ったように増えないので、返済負担が軽減できない
- 年収は変わらないが、子供の教育資金が予定より多くなったことで、住宅ローンの返済が負担に感じるようになった
- 居住中のマンションの修繕積立金や管理費が引き上げられて、住宅ローンの返済額をあわせた住居費の負担が大きくなった
- そもそも自分が返済中の住宅ローンの内容を十分に理解していない

　このように家計に視点を向けた場合、「現在返済中の住宅ローンの適用金利以外にも不満や問題を持っている」ことがあり、そこから生まれる借換えニーズもあるので、住宅ローン借換えによる経済的効果だけでなく、「現在

◆図表3-15　借換え見込み顧客の集客のためチラシ（例）

○○銀行○○支店による"家計見直しサポート"
「住宅ローン現状分析＆借換え」無料相談会のお知らせ

　現在返済中の住宅ローンがあなたの家計にあっているかの現状分析を無料で行います。

【現状分析の効果】
　現在返済中の住宅ローンの金利タイプと家計に対する影響を解説します。
　借換えによる「損得」だけでなく、各家庭の今後のライフプランにあった「持続的に安定してご返済できる」住宅ローンの借換えをご提案します。
　住宅ローンの借換えで、家計の負担を軽減できる可能性もあります。

　そのほかにも、現在返済中の住宅ローンに関して何でもご相談承ります。

場　　所：○○銀行○○支店
日　　時：○○月○○日（○曜日）　10時から16時
所要時間：お一組1時間　完全予約制
ご準備いただくもの：償還表（返済予定表）のコピー
事前予約先電話番号
○○銀行　　○○支店　　○○○-○○○-○○○○　　（平日9時から15時受付）

返済中の住宅ローンに関する不満や問題の解決」に対応し、見込み顧客へアピールすることも重要となります。
　具体的には、住宅ローンの見込み顧客用のチラシに、まずは「現在返済中の住宅ローンに関する相談」に対応していることを追加することでも集客効果が高まります。
　また、「現在返済中の住宅ローン無料診断サービス」のように、はじめから住宅ローン借換えのメリットだけに焦点をあてるだけでなく、現在返済中の住宅ローンに問題がないかどうかの分析やアドバイスを行うイベント開催やサービスを提供することで、最終的には住宅ローンの借換えの見込み顧客

になる可能性がある層まで間口を広げた集客が可能となります。

　一方、「家計の見直し」というキーワードは、どの家庭にもあてはまるテーマです。よって、見込み顧客の視点から考えると「住宅ローンの見直し」だけに留まらず、「生命保険の見直し」とセットでの相談会の実施も有効です。自行単独開催はもちろんのこと、提携先の生命保険会社の支社などとの深耕も考慮して、相談会などのイベントの共同開催も検討してみましょう。

　また、職域営業工作や個人会員を保有している団体への営業工作の場合、借換えを前面に押し出す提案よりも、従業員や個人会員への福利厚生の観点から、「家計の見直し」の一環として借換え提案を行ったほうが、印象もよく提案先に受け入れられる可能性が高まります。

借換え提案のポイント
～初期段階から実行まで～

> **ココがポイント！**
> 1 　借換え提案は、借換え後の適用金利を全面的にアピールするのではなく、現在返済中の住宅ローンの詳細を把握のほか、さまざまな相談者のニーズなどのヒヤリングを十分に行う必要がある
> 2 　借換えの提案では、さまざまな金利タイプのシミュレーションを行った提案を行い、相談者のニーズに合わせるようにする必要がある
> 3 　審査の結果、借入の希望に応えられなかったとしても、今後の取引等の影響も考え、十分にケアを行う必要がある。

☆初期段階

　保険業界においては、保険の見直しを効果的に行うときのポイントとして、現在加入中の保険証書のコピーを提出してもらい、現在の加入保険の分析と不満点などのヒヤリングを行い、現在の家計や今後のライフプランを考慮した保険の見直し提案を行っています。

　住宅ローンの借換えの場合も、それと同様に「住宅ローンの償還表（返済予定表）」や住宅ローンの金銭消費貸借契約書のコピーの提出をしてもらい、現在の住宅ローンに対する不安や問題点、さらに広げて現在の家計の問題点や今後のライフプランについて、ヒヤリングを行うことが重要です。これにより、効果的な提案を行うことが可能です。

　住宅ローンの返済期間はとても長いものです。相談者の取り巻く環境は刻々と変化しており、顧客の気持ちもそれに呼応して変化します。よって、当初借入れよりある程度時間が経過した場合、借り替える可能性を秘めています。いかに借入れ当初からの環境の変化を感じ取り、ヒヤリングを行い現

在の状況を分析して、適格な提案をすることがカギとなります。

ただし、総返済額の軽減効果でいえば、一般的に借換えは早い段階で行うほど効果が高いとされています。相談者の環境の変化と総返済額の軽減効果のあるタイミングを見計らうことも重要です。

なお、この段階で過去に住宅ローンの借換えの経験があるかどうかの確認が必要です。もし、借換えができなかった経緯があった場合には、個人信用情報上の問題や年収減額などによる審査上問題が、今回も生じる可能性があることを留意しておく必要があります。また、団体信用生命保険への加入も考慮し、健康状態の確認も可能であれば行っておきましょう。

ヒヤリング項目には、以下のものがあります。

- 属性：年齢、家族構成、職業（勤務先）、住所、連絡先（メールアドレスも含む）
- 物件：物件形態、取得時期、築年数、住宅・販売事業者（分譲マンションと分譲一戸建ては売主、中古物件は仲介会社、注文住宅は施工会社）、一戸建ての場合は増改築の有無
- 現在返済中の住宅ローンに関する不安や問題点、希望
- 家計の問題点
- 今後のライフプラン：子供の出産・教育、退職時期、親との同居など
- 過去の住宅ローン借換えの有無
- 借換え後の繰上返済の希望
- 現在の健康状態

☆具体的な提案のポイント

「初期段階」で入手した現在の住宅ローンの情報をもとに、現在返済中の住宅ローンに抱える問題点の分析や、金利タイプごとに借換え後の返済額

の提案を行います。変動金利型や一定期間固定金利選択型については、金利見直し時に金利が上昇した場合を想定し、そのときの返済額の変化を1つのケースでよいので提示するようにしましょう。また、ヒヤリングで把握した家計の問題点や今後のライフプラン、住宅ローンに対する希望に基づいた金利タイプごとのメリット・デメリットも提示することが重要です。

「図表3-16」のようなヒヤリングを行って、入手した情報をもとに、「図表3-17」のような借換えの提案をします。

◆図表3-16　ヒヤリングの例

○○様の現在お借入れされている住宅ローンの現状と課題

● 現在返済中の住宅ローンの明細
①当初借入条件
　・当初借入金額：3,000万円（ボーナス時増額返済分：借入金のうち1,000万円）
　・返済方法　　：元利均等返済
　・返済期間　　：35年
　・適用金利　　：一定期間固定金利選択型（3年）：1.2%
　※当初金利優遇期間終了後、完済までの期間は、基準金利より0.4%優遇
②現在の借入条件
　・借入残高　　：2,542万円（内ボーナス時増額返済分は841万円）
　・残存期間　　：28年0ヵ月
　・適用金利　　：固定3年：2.6%
　・毎月返済額　：毎月7.2万円　ボーナス月28.7万円
● ○○様の希望
　ご希望①月収が増えたがボーナスが変動的になったので、ボーナス時の返済額をなくして毎月返済のみにしたい。
　ご希望②子供は現在12歳の一人っ子だが、子供が大学を卒業するまで教育資金がかかるので、家計の心配がある。

◆図表3－17　住宅ローン借換えの提案　1（例）

○○様の住宅ローンのお借換えのご提案

● 現在返済中の住宅ローンの分析
・優遇金利が基準金利より0.4％しか優遇されないので、適用金利が高い。
・一定期間固定金利選択型（3年）は3年ごとに返済額が変わるため返済計画がたてにくい。
・これより10年間の返済計画は、今後、高校や大学にかかる子供の教育資金を十分に考慮することが必要。

● 借換え後の借入条件（3パターン）
①変動金利型の場合
・借換え後の適用金利　　：1.275％（完済まで全期間基準金利より1.2％優遇）
・借換え後の毎月返済額：9.0万円（ボーナス時増額返済なしへ変更）
※金利上昇時における返済額の変化のシミュレーション
　借換え後5年目から毎年0.5％ずつ適用金利が上昇して3.275％になった場合を仮定、また、変動金利は5年ごとに返済額の見直しを行い、金利上昇により新しい返済額が上昇した場合は、これまでの返済額の1.25倍が上限となります。
　適用金利は完済まで確定しないので、返済額も完済まで変動します。

②一定期間固定金利選択型（10年）の場合
・借換え後の適用金利　　：2.0％（当初優遇期間終了後は、完済まで全期間基準金利より1.0％優遇）
・借換え後の毎月返済額：9.9万円（借換え後10年間、ボーナス時増額返済なしへ変更）
※金利上昇時における返済額の変化のシミュレーション
　11年目以降の適用金利が仮に1％上昇して3.0％になった場合の返済額は10.7万円。適用金利は完済まで確定しないので、返済額も完済まで変動します。

③全期間固定金利型の場合
・借換え後の適用金利　　：全期間固定金利型3.1％
・借換え後の毎月返済額：11.3万円（ボーナス時増額返済なしへ変更）
※①や②よりも借換え直後の返済額は多くなりますが、完済まで返済額は変わりません。

このように、金利タイプごとに返済額のシミュレーションを提示して、改めて相談者の感想や意見のヒヤリングを行い、それぞれのメリット・デメリットをアドバイスをすることで、最終意思決定のサポートを行います。

それでは、「図表3－18」のような提案はどうでしょうか。

◆図表3－18　住宅ローン借換えの提案　2（例）

○○様の住宅ローンのお借換えのご提案
● 現在返済中の住宅ローンの分析
　※「図表3－17」と同じ
● 現在の借入条件と借換え後の借入条件
①現在の借入条件（借換えをしなかった場合）
　・適用金利　　　：適用金利2.6％
　・現在の返済額：毎月7.2万円　ボーナス月28.7万円
　・年間返済額　　：129.4万円
　・現在から完済までの総返済額：3,623万円
②借換えをした場合のお借入条件
　・借換えした場合の総返済額：変動金利型1.275％
　・借換え後の返済額　　　　：毎月9.0万円（ボーナス時増額返済なしへ変更）
　・年間返済額　　　　　　　：108万円
　・借換えから完済までの総返済額：2,024万円
● 借換えの効果
　・効果1：年間返済額「21.4万円」軽減が可能！
　・効果2：借換え後の総返済額は「約599万円」軽減可能！
　・効果3：借換えのための諸経費を約60万円考慮しても「約539万円」もお得！

見込み顧客は、借換えにより年間約21万円の返済負担が軽減され、借換えの諸費用を差し引いたとしても500万円以上も軽減されるという提案であれば、すぐに借換えを行うでしょう。

しかし、借換え後の金利タイプの設定は変動金利型となっており、借換え

後から完済まで適用金利が上昇しなければ問題はありませんが、本当に変動金利は上昇しないといえるのでしょうか。

　たとえ、備考欄に「将来適用金利によっては返済額が増える可能性がある」と明記したとしても、相談者に誤解を与えるような提案については、コンプライアンス上の視点から大きな問題があり、将来、適用金利が上昇して返済額が増えた場合に、大きなトラブルになる可能性があります。相談者との信頼関係を構築するためにも、誤解を生むような提案は、避けるようにしなければなりません。

　現在の借換えは、借換え後の適用金利の引下げや返済額の減額による経済的な効果について、「損得」の観点のみを重点的にアピールしています。たしかに変動金利型や一定期間固定金利選択型の金利タイプへの借換えは、借換え直後だけをみると、適用金利や返済額について適用金利の引下げや返済額の減額により、いわゆる「得をする住宅ローンの借換え」となる場合もあるかもしれません。

　ただし、変動金利型や一定期間固定金利選択型の金利タイプは、今後の金利の動向の予想は難しく、またその時期および上昇幅は未確定なので、完済までに適用金利が上昇して返済額が増えると本当に得をするかどうかはわからないのが実体であり、場合によっては相談者に誤解を生じさせることにもなりかねません。

　金融機関としての信用関係を継続して、他行との金利競争に巻き込まれず、差別化をはかった借換え営業推進をすることを考えると、目先の損得をアピールするのではなく、メリット・デメリットも考慮して相談者にあった借換え提案を行うことが、提案のポイントといえます。

☆具体的な手続きから実行までのフォロー

　さまざまな提案やアドバイスにより借換えが決定した場合、審査申込手続きに入ります。相談者には、審査結果が出てから現在返済中の住宅ローンの

金融機関へ手続きを行うように伝える必要があります。もし、審査結果で否決された場合、相談者へのフォローを十分に行う必要があります。金融機関側としては「お力になれない結果となりました」というような回答しかできませんが、相談者にとっては理由もわからず借換えができないという審査結果に対して精神的に大きなダメージを受けるケースがあります。もしも両親など家族の取引がある場合は、その取引に影響を及ぼす場合もあるので、十分なケアが必要になります。

あわせて、必要書類の準備も、迅速にかつ漏れがなく準備してもらうように「フォロー」することが必要です。必要書類の一覧表と合わせて、借換えの具体的な日程表を手交するなど工夫をしましょう。

なお、審査申込みから借換えの実行日までに月をまたがると、現時提示している適用金利が変わる可能性があることを忘れずに伝える必要があります。

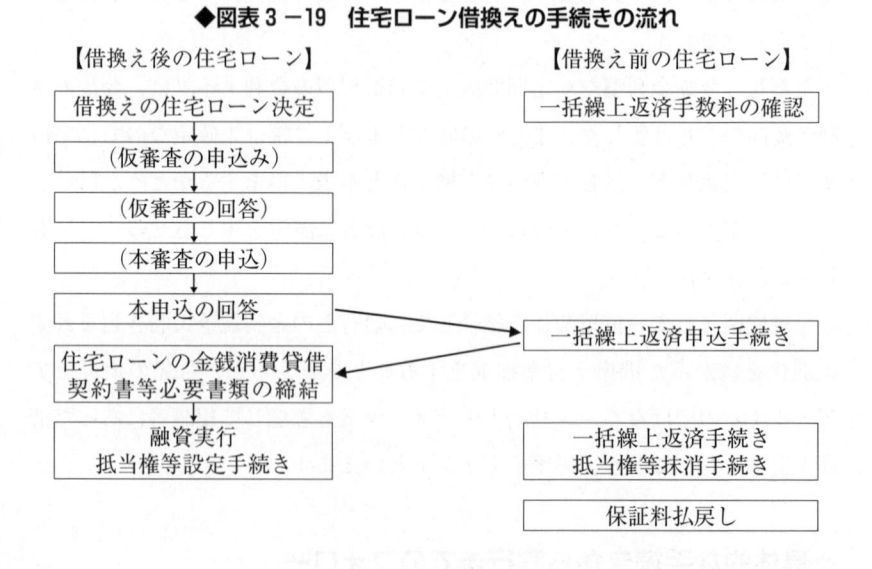

◆図表3－19　住宅ローン借換えの手続きの流れ

【借換え後の住宅ローン】
- 借換えの住宅ローン決定
- （仮審査の申込み）
- （仮審査の回答）
- （本審査の申込）
- 本申込の回答
- 住宅ローンの金銭消費貸借契約書等必要書類の締結
- 融資実行　抵当権等設定手続き

【借換え前の住宅ローン】
- 一括繰上返済手数料の確認
- 一括繰上返済申込手続き
- 一括繰上返済手続き　抵当権等抹消手続き
- 保証料払戻し

借換え提案のポイント
～借換え提案の留意点～

ココがポイント！

1　借換えの提案では、建物の担保条件の確認等さまざまな留意点について、説明を十分に行う必要がある。
2　現在返済中の住宅ローンが住宅ローン減税の対象である場合には、借換え後も継続される可能性がある
3　借換え完了後も他行からの攻勢を防御するため、また取引を拡大するためにも継続的なフォローが重要となる

☆借換え提案の留意点

　完済まで適用金利が確定しない変動金利型や一定期間固定金利選択型の金利タイプについて、総返済額を提示して、借換え後の総返済額の優位性を提案している金融機関があります。

　全期間固定金利型の金利タイプに借換えをすれば、総返済額は確定するので、借換え後の総返済額を提示することは問題ありません。仮にであっても、借換え後の金利タイプを変動金利型や一定期間固定金利選択型で提示する場合はコンプライアンス上の観点から、また見込み顧客とのトラブルを避けるために総返済額の提示をできる限り避けることが賢明です。もし、総返済額で提示するとしても、確定した総返金額でないことを十分に説明して提案資料には明記することが必要です。

　もし、見込み顧客が他行で借換え後の変動金利型や一定期間固定金利選択型の金利タイプにもかかわらず総返済額での提案がなされている場合、提案の前提に問題があることをアドバイスすることで信用が得られるでしょう。

●建物の担保条件の確認

　建物に関するヒヤリングにより、担保物件の条件に適合するかどうかの確

認を行うようにします。このうち、構造と築年数による担保条件については、最低でも確認することが必要です。さらに、増改築したときに登記変更を行っていないケースも見受けられるので、増改築がある場合は、登記が済んでいるかどうかも確認しておきましょう。

　また、所有者は認識していないケースがあるので、担保物件の既存不適格の調査も事前にする必要があります。既存不適格とは、建築時には適法に建てられた建築物であったものが、建築後に法令の改正や都市計画変更等によって、現行法に対して不適格な部分が生じた建築物のことをいいます。既存不適格であるかどうかは、物件の詳細調査をしないと把握できませんが、築年数が長い物件にみられるので、注意が必要となります。

● 借換え時の諸費用の提示

　住宅ローンの借換えには、諸経費がかかることを伝える必要があります。

　そのなかで、自行の借換えの住宅ローンにかかる諸費用だけでなく、借換え前の住宅ローンにかかる諸費用が発生することも伝える必要があります。

◆図表３−20　借換え時の諸費用

〈借換え前の住宅ローンにかかる諸費用〉
・一括繰上返済手数料
・抵当権等抹消費用（司法書士への報酬）
〈借換え後の諸費用〉
・抵当権等の登録印紙税
　※借換え時は登録印紙税の軽減処置がないため借換え金額の0.4％（取得・購入時は軽減処置により住宅ローンの金額の0.1％）
・司法書士への報酬
・保証料
・事務手数料　など

　なお、借換え時の諸費用は、借換えの金額や残存期間によりますが、数十万円になるケースがあります。その金額を借換え金額に加算できる場合、

加算して返済額を提示するほうが、負担感は少なくなり有効といえます。

◆図表3−21　借換え時の諸費用の例

借入金額2,500万円　借換え後の残存期間25年　元利均等返済

項　目	金　額	備　考
抵当権設定関係費用	155,000円	登録免許税（借入金額×0.4％） 司法書士への報酬 抵当権の抹消登記には登録免許税はなし
融資・事務手数料	31,500円	金融機関に対する手数料
保証会社保証料	430,000円	保証会社に支払う保証料
印　紙　税	20,000円	住宅ローンの契約書に関する印紙税
合　　計	636,500円	

● 借換え後のフォロー

　一度借換えを経験すると、住宅ローンの実行後のフォローが不十分であれば、他行からの攻勢により再度借換えを行う可能性も否定できません。そこで、年に1回は戸別訪問を行ったり、個別相談会を行うなどして借換え防止のフォローが必要です。

　また、借換え後の個別フォローは、教育ローンやリフォームローンの新規案件や老後資金の積立てをはじめとした資産運用の提案の機会でもあります。

　場合によっては、借換えを行った顧客に既存の住宅ローンも含めた会員組織化をはかり、年齢、家族構成、保有する住宅形態を考慮した情報誌の発行や勉強会などの定期開催も有効です。

◆図表3−22　情報内容や勉強会のテーマ候補

・若年層の家族世帯：子供の教育資金
・高年齢層の家族世帯：老後資金の作り方
・住宅形態別：マンション、一戸建て別のメンテナンス方法
※住宅形態別のテーマについては、住宅・販売事業者の協力を得ることにより、提携関係の深耕が可能となります。

●繰上返済希望者への対応

　繰上返済を希望する理由のヒヤリングを行います。繰上返済を希望する主な理由は、次のとおりです。

> ・繰上返済をすると得すると聞いた
> ・定年退職までには住宅ローンを完済しておきたい
> ・将来金利が上昇したときのために少しでも元本を減らしておきたい

　いずれの理由についても、まずは繰上返済の基本的な考えを伝える必要があります。

①基本的な考え方

　繰上返済に対する基本的な考え方は、以下のとおりです。

> ・繰上返済は、手元資金を確保したうえで生じる余裕資金で行うこと
> ・期間短縮型の繰上返済は、返済期間を再度延ばすことが原則できない

②理　　由

　繰上返済は、家計全体を考えた場合、病気で入院して収入が減るような緊急事態に備える資金と教育資金など将来必ず支出する資金などの手元資金を確保して、確保後に発生する余裕資金で行う必要があります。繰上返済は得をするという考えを重視したために、繰上返済をしすぎて手元資金が少なくなり、緊急的な支出が発生や子供の教育資金に対する手当ができなくなって、家計上問題が生じるケースもあります。

　また、期間短縮型の繰上返済を積極的に行ったものの、その後、年収が減ったり、教育資金が追加で必要となったりした場合に、期間短縮型の繰上返済を後悔する人もいます。

よって、当面は、手元資金を貯めたり残したりすることに重点をおくようアドバイスを行います。その後、実際に繰上返済することを検討する場合は、他行への借換えを防止したり、教育ローンや資産運用につながる可能性があるので、そのつど相談をしてもらうように誘導することが必要です。

☆借換え時の住宅ローン減税に関するアドバイス

　住宅ローン減税の対象となる住宅ローンは、住宅取得・購入した場合における借入金なので、借換えの場合は、原則対象外となります。しかし、住宅ローン減税を受けていた人が借換えをする場合、一定の条件を満たせば、引き続き住宅ローン減税を受けることが可能です。住宅ローン減税を現在受けている人には、事前に説明しておきましょう。

> ・借り換えする住宅ローンにより借換え前の住宅ローンを完済すること
> ・借り換えする住宅ローンが住宅ローン減税の要件を満たすこと

　なお、住宅ローン減税の住宅ローンなどの借入金に関する要件は、以下のとおりです。

> ・返済期間が10年以上あること
> ・返済方法は月や年など１年以下期間を単位として規則的な返済があらかじめ決められていること
> ・借入先は、金融機関、独立行政法人住宅金融支援機構または一定の貸金業を行う法人、勤務先（親族などのからの借入金は対象外。勤務先等からの借入金でも、無利子または金利が１％未満、利子の援助を受け実際に負担する金利が１％未満の利率となる借入金は対象外）

なお、期間短縮型の繰上返済によって返済期間が10年未満になった場合は、住宅ローン減税が受けられなくなることを知らない人が多いので、このことも必ずアドバイスしておきましょう。

◆図表3－23　期間短縮型の繰上返済と住宅ローン減税の適用継続の判定

●期間短縮型の繰上返済により住宅ローン減税が継続するケース
　「返済開始から実際に返済が完了した期間」＋「期間短縮型の繰上げ返済後の完済までの残存期間」≧10年以上
●期間短縮型の繰上返済により住宅ローン減税が受けられなくなるケース
　「返済開始から実際に返済が完了した期間」＋「期間短縮型の繰上げ返済後の完済までの残存期間」＜10年以上

国税庁のホームページに、住宅ローン等の借換えをしたときという項目で、「図表3－24」のような記載があります。

◆図表3－24　借換えにあたっての注意点（国税庁）

［平成22年4月1日現在法令等］

　住宅の取得等に当たって借り入れた住宅ローン等を金利の低い住宅ローン等に借り換えることがあります。
　住宅借入金等特別控除の対象となる住宅ローン等は、住宅の新築、取得又は増改築等のために直接必要な借入金又は債務でなければなりません。したがって、住宅ローン等の借換えによる新しい住宅ローン等は、原則として住宅借入金等特別控除の対象とはなりません。
　しかし、次のすべての要件を満たす場合には、住宅借入金等特別控除の対象となる住宅ローン等として取り扱われます。
1　新しい住宅ローン等が当初の住宅ローン等の返済のためのものであることが明らかであること。
2　新しい住宅ローン等が10年以上の償還期間であることなど住宅借入金等特別控除の対象となる要件に当てはまること。

この取扱いは、例えば、住宅の取得等に係る知人からの借入金を銀行の住宅ローン等に借り換えた場合や、償還期間が10年未満の住宅ローン等を償還期間が10年以上となる住宅ローン等に借り換えた場合であっても同じです。
　なお、住宅借入金等特別控除を受けることができる年数は、居住の用に供した年から一定期間であり、住宅ローン等の借換えによって延長されることはありません。
　借換えによる新たな住宅ローン等が住宅借入金等特別控除の対象となる場合には、次の金額が控除の対象となる住宅ローン等の年末残高となります。
1　A≧Bの場合
　対象額＝C
2　A＜Bの場合
　対象額＝C×A/B
　A＝借換え直前における当初の住宅ローン等の残高
　B＝借換えによる新たな住宅ローン等の借入時の金額
　C＝借換えによる新たな住宅ローン等の年末残高
　（措法41、措通41-16）

（出所）国税庁HP

☆他行の借換え攻勢に対する防衛策

　新規住宅ローンや借換えによる住宅ローンの獲得を行っても、他行の攻勢により再度借換えをされると、住宅ローンの全体の残高を増やすことはもちろん、個人家計のメインバンクとなることはできず、住宅ローンの営業推進自体が水の泡となってしまいます。
　そこで、他行からの自行への借換えだけでなく、自行の住宅ローンの既存契約者をいかに他行から攻勢から守り、維持していくかということも重要になります。そこで、既存住宅ローン契約者の契約内容を把握して他行への借換えを防ぐための対策が必要となります。
　既存住宅ローン契約者の氏名、住所、実行日、金額、金利タイプ、優遇金利の内容、現在の適用金利、次回適用金利の見直し時期などの契約内容を把握します。

その情報をもとに、他行への借換えの可能性が高い次のようなケースには注意が必要です。

> ・現在の適用金利が他行が現在提示している住宅ローンの適用金利よりも高止まりしている
> ・次回適用金利の見直しが数ヵ月後に迫っている
> ・ボーナス増額返済の割合が多い
> ・住宅ローン実行後、戸別訪問などのフォローを行っていない

　まず、このような先には、戸別訪問など行い、現状の把握に努めましょう。
　その結果、現在の住宅ローンに不満を持っているケースやすでに他行から借換え提案を受けていることがわかった場合、自行内での借換えは不可能ですが、住宅ローン残高を維持するためや家計のメインバンクを維持するためにも、個別に現在の住宅ローンの条件変更を検討して提案することを検討する必要があります。
　他行からの攻勢に対する対策は一時的に行うのではなく、前記の「借換えのフォロー」で述べたように、住宅ローン実行後も定期的な戸別訪問を行ったり、そのほかにもさまざまな情報提供を行い、見込み顧客にとって、「住宅ローンの借入先」としてではなく、「家計のメインバンク」という役割でのフォローを継続的に行う必要があります。

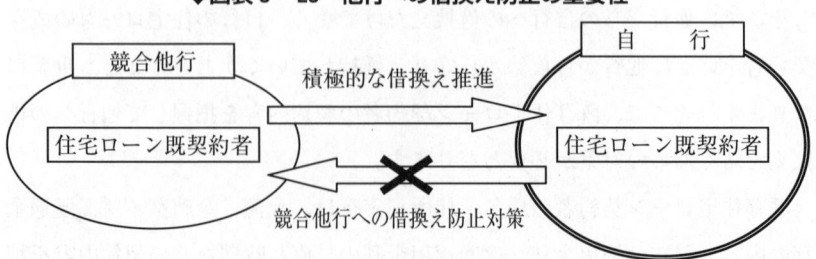

◆図表3－25　他行への借換え防止の重要性

第4章
ケーススタディー

　本章のケーススタディでは、各金融機関によって審査に関する手続きに違いがあるため、審査のプロセスは考慮せずに具体的な営業推進活動ならびに他行との差別化をはかるための見込み顧客へのコンサルティングを、ケーススタディでまとめたものです。
　ケーススタディでの数値等は、実際の計算と異なることがあります。

基本編 ケーススタディ：新規ローン
～新規ローン営業推進の全体的な流れ～

◆図表4－1　新規ローン営業推進の全体的な流れ

見込み顧客の明確化	営業エリア内で営業工作対象先のリストアップをすることから始める。 ・住宅・販売事業者（既存取引先・未取引先） ・個人の賃貸物件の居住者（既存取引先・賃貸物件の把握） ・法人・公務員等団体職域工作先 ・個人会員を集客・保有する法人・団体 ・生損保会社
見込み顧客の集客のためのアプローチ	営業工作対象先のリストアップをもとにして、特性を把握した個別のアプローチを行い、見込み顧客の集客を行う。特に住宅・営業事業者との深耕が重要なので、住宅ローンの提案だけでなく、見込み顧客の紹介も含めた提案が有効。 個人の場合、ファミリータイプの賃貸居住者は、子供の成長などによりマイホーム取得・購入の可能性が高まるので、重点的なアプローチが重要。
見込み顧客へのコンサルティングと提案およびクロージング	自行の住宅ローンの提案だけでは、契約対象者が狭まるので、住宅ローンだけでなく、見込み顧客の属性に合わせた個別のマイホーム資金計画全般のアドバイスを行い、信頼関係を高めたうえで自行の住宅ローンを提案しクロージングを行うことが重要。
契約顧客のフォロー	住宅ローン実行後に個別フォローを継続することにより、次の効果が見込まれる。 ・他行からの借換え攻勢の防止 ・教育資金の積立てなどそのほかの提案が可能

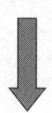

ケーススタディ
～新規ローン営業推進の全体的な流れ～

☆見込み顧客の明確化

まずは、住宅・販売事業者や見込み顧客になりうる個人の既存取引先、およびそれ以外の営業エリア内の未取引先を対象に、アプローチするための営業工作リストを作成します。

●住宅・販売事業者

営業エリア以内の住宅・販売事業者のリストアップを行います。既存取引先を優先しますが、未取引先も合わせてリストアップします。

①住宅・販売事業者の種類の確認

> ・土地の売買、中古マンションや中古一戸建の売買を行う不動産仲介業者
> ・注文住宅の工事請負を行う住宅・販売事業者
> ・新築一戸建の分譲を行う住宅・販売事業者
> ・新築マンションの分譲を行う住宅・販売事業者

②未取引先の住宅・販売事業者の具体的な探し方

> ・インターネットの不動産検索サイトを利用し、営業エリア内にある物件情報等の問合せ先である住宅・販売事業者を検索する
> ・新聞の折込みチラシにより確認する（不動産関係のチラシは、毎週金曜日に折り込まれる頻度が高い）
> ・営業エリア内を実際に歩いて営業所などを確認する

◆図表4－2　住宅・販売事業者の営業工作リスト

会社名	取引有無	住　所	電　話	住宅・販売事業者の形態	広告の有無

●既存個人取引先の賃貸居住者や築年数30年以上の一戸建保有者

　支店等で保有する既存個人取引先の住所と住宅地図などをもとにして、候補となる既存個人取引先をリストアップします。

①既存個人取引先の賃貸居住者の絞込み

　既存個人取引先の賃貸物件の居住者では、特にファミリータイプの賃貸物件が住宅購入の確度が高まるので、この特定は重要となります。

　なお、単身者で年齢が40歳以上である、職業が正社員や公務員、家賃が高い賃貸居住者についても、「ついの住まい」として中古も含めたマンション購入の可能性があるので、あわせてリストアップしておきます。

◆図表4－3　既存個人取引先の賃貸居住者の営業工作リスト

顧客名	住所	電話	年齢	ファミリー・単身者	賃貸物件名

②築年数30年以上の一戸建保有者

　昭和56年5月以前に建築された住宅は、通称「旧耐震物件」と呼ばれており、耐震性能が不十分といわれています。

　これらの理由等から築年数30年を超えると、建物の老朽化や耐震性の問題、あるいは二世帯住宅のために建替えの需要がでてきます。なかには、一戸建からマンションへの住替えを希望しているケースも見られます。

　そこで、既存個人取引先のなかで一戸建保有者についても、営業工作対象とする必要があります。ここでは世帯主の年齢が55歳以上を目安に一戸建保有者をリストアップします。

　なお、正確に建物の築年数を把握するのであれば、法務局にて建物の登記事項証明書を取得する方法等があります。

ケーススタディ
～新規ローン営業推進の全体的な流れ～

◆図表4－4　既存個人取引先の築年数30年以上一戸建保有者の営業工作リスト

顧客名	住　所	電　話	年　齢	建物の築年数

●営業エリア内の賃貸居住者（既存個人取引先以外）

　前記でリストアップしたファミリータイプの賃貸居住者をもとにした営業工作リストを活用し、さらなる絞込みを図ります。リスト作成段階では対象物件の把握までになりますが、対象物件の居住者は、マイホーム新規取得者候補、すなわち住宅ローンの新規見込み顧客になります。

　なお、既存取引先に該当する賃貸物件の管理を行っている不動産会社や管理会社があれば、居住者の個人情報の入手は当然不可能であっても、管理会社の協力をえることで、総戸数や入居状況の把握などの物件に関する情報の入手が可能です。既存取引先でなくても、賃貸物件には管理会社による「入居募集問合せ先」の掲載がされているので、その会社の情報収集も重要です。

　備考欄には既存個人取引先の情報（部屋番号や氏名）を記入して、重複した営業工作が発生しないように注意しましょう。

◆図表4－5　営業エリア内の賃貸居住者の営業工作リスト（既存個人取引先以外）

物件名	住　所	総戸数	入居状況	管理会社	備　考

●法人・公務員等団体取引先の職域

すでに各金融機関で行われていますが、既存法人取引先の経営陣や従業員に対する提案は重要です。給与振込みを獲得している先は、従業員の自宅保有の有無などの把握を行い、営業工作の確度をより高める必要があります。

また、従業員の結婚や子供の誕生などのライフイベント情報についても、住宅購入のきっかけになるので、適宜情報を入手することが重要です。

◆図表4－6　法人・公務員等団体取引先の職域の営業工作リスト

法人・団体名	住　所	担当者名	従業員数	管理会社

●団体等が集客・保有する個人会員

既存取引先や営業エリア内に個人会員を集客・保有している生活協同組合（生協）などの団体があれば、個人会員向けのマイホーム資金計画や住宅ローンに関するセミナー等を提案して参加者の動向を得る方法があります。

なお、団体によっては個別商品のセールスや、個人情報の取得を禁止している場合もありますが、この場合でも、抵触しない程度でイベントの開催等を提案することは、認知度アップの活動として有効となります。

◆図表4－7　団体等の営業工作リスト

団体名	団体の属性	住　所	担当者名

●保険会社等

　営業エリア以内の生命保険会社と損害保険会社の営業所、また生損保代理店をリストアップします。保険商品の窓口販売と競合するケースもありますが、営業関係上良好な関係の保険会社や生損保険代理店と共同で、保険会社の既契約者向けのマイホーム資金計画や住宅ローンに関するセミナーや個別相談など、イベント開催や個別の住宅購入希望者の紹介を依頼します。

◆図表4-8　保険会社等の営業工作リスト

保険会社・保険代理店名	生保・損保	住　所	担当者名

☆見込み顧客の集客のためのアプローチ

　前記「☆見込み顧客の明確化」で作成した営業工作リストをもとに具体的な営業活動を行います。

●住宅・販売事業者

　既存取引先については、住宅・販売事業者の種類別に以下のような点に留意して定期的な訪問を行います。通常の活動で財務担当者との面談がメインとなるケースが多い場合は、経営者や営業責任者を紹介してもらい、必ず営業活動のキーマンとの面談を積極的に行う必要があります。

　①土地の売買、中古マンションや中古一戸建の売買を行う不動産仲介業者
　　面談の際には、まず現在商談中の案件の有無を調査しましょう。そこで商談中の案件があれば、住宅ローンの仮審査の前段階の商談でも顧客の資金計画や住宅ローンの相談に対して柔軟に対応するなど、自行の住宅ローンを活用してもらうよう提案しましょう。

　なお、不動産仲介業者は、営業エリア内全体の土地の売買状況に関する情

報を保有しているケースがよくあります。直接の住宅ローンの提案ができなくても、新しい土地の売却情報や分譲マンションや分譲一戸建を行う住宅・販売事業者の土地購入情報などの動向を収集する必要があります。

②注文住宅の設計・工事請負を行う住宅・販売事業者

注文住宅の設計・工事請負を行う住宅・販売事業者を分類すると、宣伝広告を積極的に行っているハウスメーカーの営業所や地場有力工務店の営業所などの年間数多くの受注がある住宅・販売事業者と、営業所を持たずにリフォーム等をメインとする年間の受注件数が数棟規模の地場工務店に大別できます。

前者は営業専門部署があるので、営業所長や営業担当責任者へのアプローチが必要となります。後者は営業責任者がいないケースが多いので、経営者へのアプローチが主となります。

ハウスメーカーの営業所や地場有力工務店の営業所では、必ず年度ごとの営業計画があり、決算は、毎年3月末の場合が多くなっています。営業特性は、住宅は着工から引渡しまで期間が必要となるため期末に「追込み」をかけることはあまりなく、特にゴールデンウィークや秋などにキャンペーンなどを開催して多くの商談を行っています。このように日々の営業活動に奔走するだけでなく、営業特性を把握して特に注力している時期を意識し、アプローチをする必要があります。

なお、ハウスメーカーや地場有力工務店は、住宅総合展示場にモデルハウスを出展していることがよくあります。このモデルルームは営業所も兼ねています。ただし、その住宅総合展示場の集客活動や運営管理は、ハウスメーカーなどではなく運営専門会社が行っています。よって、住宅総合展示場の運営専門会社に対しても、集客活動の一環として住宅ローンのセミナーや個別相談会などの提案を行うことが有効です。

ケーススタディ
～新規ローン営業推進の全体的な流れ～

◆図表 4 - 9　住宅総合展示場

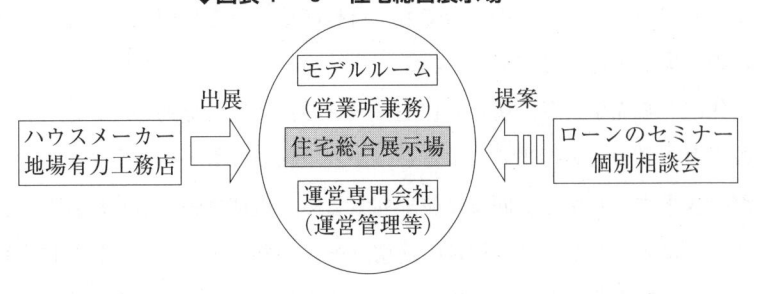

```
                          モデルルーム
                          (営業所兼務)
ハウスメーカー    出展                        提案   ローンのセミナー
地場有力工務店  ──→  住宅総合展示場  ←──   個別相談会
                          運営専門会社
                          (運営管理等)
```

③新築一戸建の分譲、および新築マンションの分譲を行う住宅・販売事業者

　いずれも土地の仕入れからスタートする業態です。この土地の仕入れ状況については、既存取引先の住宅・販売事業者であれば、用地取得のための融資の相談があるので動向を把握しやすいですが、未取引先の住宅・販売事業者の動向は、既存取引先の不動産仲介業者から適宜情報収集を行うようにします。

　未取引先の住宅・販売事業者の仕入れた土地を見込みをつけることができたら、その土地の不動産登記簿謄本（登記事項証明書）を取得して土地の購入者である住宅・販売事業者を特定し、分譲事業の責任または現場責任者にアプローチします。

　通常、土地購入資金を融資した金融機関（不動産登記簿謄本（登記事項証明書）で確認が可能）を提携ローン先に指定しますが、このアプローチの際、まずは、融資した金融機関と自行との商品性の優位点の説明や、見込み顧客を紹介する等の提案を行い、面談に取り付けるようにします。

　住宅・販売事業者からみた場合、提携ローン以外の住宅ローンを選択するポイントは、「提案できる金利が低い」、「仮審査の対応から結果までの時間が短い」、「仮審査に対して柔軟に対応してくれる」などがあげられます。

　なお、分譲マンションや大規模の分譲一戸建の場合、モデルルームや現地

での販売センターが完成するまでは、営業エリア外にある本社に責任者がいることがあります。この場合でも、自行の僚店等の取引先であるケースもあるので事前確認が必要です。

住宅・販売事業者の場合、住宅ローンの提案は、提携ローンとして住宅・販売事業者の営業担当者によるものが、現状ではもっとも実績を上げることができます。しかし、同時に競争も激しく、提携ローンから漏れたり、提携ローンに入ったとしても複数の提携ローンがある場合に、自行の住宅ローンを同営業担当者がなかなか提案を行ってくれないケースもあります。その場合は、同営業担当者への自行の住宅ローンの説明会の開催を依頼したり、または売買契約や工事請負契約が終わった後に、物件の引渡しまで時間がかかるような分譲物件の場合は、同営業担当者に契約者に対する住宅ローン相談会を依頼するなどの工夫を行いましょう。

●既存個人取引先の賃貸物件の居住者や築年数30年以上の一戸建保有者

既存個人取引先の賃貸物件の居住者のうち、ファミリータイプの物件に住んでいる人は、子供の誕生や就学前になると、「賃貸物件の間取り」、「学区等」の問題を抱えたりして、マイホーム取得・購入を考え始めます。また、単身者でも高めの賃貸物件に住んでいる人は40歳を過ぎてくると、老後生活を考えてマンション等の購入を考える人も多くいます。

ただし、いずれの場合もおおよそ漠然と考えており、いきなり住宅・販売事業者に相談しても無理な営業をかけられる懸念から相談できず、まず何をすればよいか、どこに相談したらよいかわからないのが実態です。

そこで、具体的に物件を検討する前から、マイホーム取得・購入のための資金面でのアドバイスを行うという提案でアプローチを行います。

具体的には、ダイレクトメールなどにより「図表4－10」のような提案を行います。なお、唐突に住宅ローンの提案のための戸別訪問を行うのは既存個人取引先が警戒することもあるので、まずはライフプランを主体としたセミナーや個別相談などのイベントでアプローチを行うことが効果的です。

ケーススタディ
～新規ローン営業推進の全体的な流れ～

◆図表4－10　ダイレクトメールによるセミナーや個別相談のテーマ事例

・賃貸と持ち家のメリット・デメリット
・マイホーム取得・購入するときの必要資金
・マイホーム取得・購入のための自己資金の準備方法
・住宅ローンの借り方

　見込み顧客にいきなり住宅ローンの提案をするのではなく、セミナーやイベント企画の案内と参加勧誘のための電話営業や戸別訪問であれば、たとえ断られたとしても次回の提案が可能であり、セミナー等のテーマごとに、住宅取得・購入の意向などの情報収集が可能となります。
　セミナーなどのイベント参加者は、必ずデータベースを作成して個別相談を行っていきます。これにより、マイホーム資金計画や住宅ローンの借入額が明確になり、見込み顧客が住宅・販売事業者の紹介を希望した段階で、個人情報保護を十分に配慮しながら紹介をし、住宅・販売事業者との関係も深耕していきます。この積み重ねが提携ローンに頼らない住宅ローンの獲得へとつながっていきます。

●営業エリア内の賃貸物件の居住者（既存個人取引先以外）
　既存個人取引先以外の見込み情報を取得することは難しいのが実情ですが、見込み顧客になる可能性が高いファミリータイプの物件を特定し、その物件に住んでいる居住者に対してアプローチを行います。
　具体的には、前記「既存個人顧客の賃貸物件の居住者や築年数30年以上の一戸建保有者」と同様に、マイホーム資金計画や住宅ローン相談に関するセミナーなどのイベントの告知を切り口にアプローチを行います。このアプローチではチラシを持参しての戸別訪問やポスティングを行います。
　戸別訪問やポスティングが難しい場合は、その物件を管理している不動産会社や管理会社に協力を依頼してチラシのポスティングの許可を得て配布を行います。

また、可能であれば物件を管理している不動産会社や管理会社の協力を得て、入居者向けのセミナーなどのイベントを共同で開催したり、賃貸契約更新時の顧客に対して個別に自行の紹介の依頼を行います。

　一度、セミナーなどのイベントに参加してもらえば、前記「既存個人顧客の賃貸物件の居住者や築年数30年以上の一戸建保有者」と同様に、必ず参加者のデータベースを作成して継続的な個別相談を行っていきます。その結果、マイホーム資金計画や住宅ローンの借入額が明確になり、見込み顧客が住宅・販売事業者の紹介を希望した段階で、個人情報保護を十分に配慮して紹介をすると住宅・販売事業者との関係も深耕し、提携ローンに頼らない住宅ローンの獲得が可能となります。

● 法人取引先の職域

　従来より法人取引先への職域工作は盛んに行われていますが、自行の住宅ローンのセールスが主体であるため、法人の担当者や参加する従業員の参加満足度が十分でないのが実態です。

　そこで、まずは自行の住宅ローンのセールスはせずに、福利厚生の一環として、マイホーム取得・購入の重要性、マイホーム資金計画や住宅ローンの選び方などのセミナー・勉強会、個別相談会などの開催を当該人事担当者に提案し、当該従業員の参加を募ることが重要です。

　その結果、前記と同様に参加者をデータベース化して、継続的な個別相談を行っていきます。これにより、マイホーム資金計画や住宅ローンの借入額が明確になります。また、見込み顧客が住宅・販売事業者の紹介を希望した段階で、個人情報保護を十分に配慮して紹介をすることで住宅・販売事業者との関係も深耕していきます。

● 団体や企業が集客・保有する個人会員

　生活協同組合（生協）は非営利団体ですが、組合員として多くの個人顧客を保有しています。食材の提供が主な業務ですが、共済組合による保険商品の取扱いを独自に行って契約活動もしています。そこで、組合員へのサービ

ケーススタディ
〜新規ローン営業推進の全体的な流れ〜

スの一環として、前記と同様なマイホーム資金計画や住宅ローンの選び方などのセミナー・勉強会、または個別相談会の開催を、営業エリア内の生活協同組合の店舗の店長などやその店舗を統括する本部の責任者等に提案することにより、見込み顧客へのアプローチが可能となります。

●保険会社等

生命保険会社の営業体制は、国内生保のように女性スタッフを中心としたタイプと、外資系生保にみられる個人事業主のタイプに大別されます。

前者は、営業所の責任者が指示する営業方針で活動を行うので、その責任者へ提案を行う必要があります。

一方、後者については、統括する責任者も存在しますが、各営業担当者が独自の方法で営業活動を行う傾向が強くなります。特にMDRT（Million Dollar Round Table）の資格を保有するトップクラスの営業担当者は、独自で1,000人以上の契約者を保有しているケースが多く見受けられます。よって、統括責任者だけでなく、営業担当者ごとに協力体制を構築することが重要となります。いずれも営業所へ訪問し、まずは営業責任者の協力を得られるよう提案を行うことからまずはじめます。

保険会社だけでなく、保険代理店も重要なアプローチ先となります。この場合、複数の保険会社の商品を取り扱う専業の保険代理店と自動車整備工場などの本業との兼業を行う2つのケースがあります。実際には前者の専業の保険代理店が有力なアプローチ先となります。このような代理店は保険契約獲得のために、保険商品の提案だけではなく、相続をはじめとしたコンサルティング業務にも力を入れています。そこで、保険代理店の経営者や営業責任者へ、マイホーム資金計画や住宅ローンに関するセミナー、個別相談のイベントの開催提案をすることが有効となります。

☆見込み顧客へのコンサルティングと提案およびクロージング

前記のとおり、見込み顧客の発掘や具体的なアプローチは、さまざまなルー

トがあります。しかし、最終的には見込み顧客への提案力が住宅ローンの獲得につながります。各金融機関とも自行の住宅ローンの説明に終始しているケースが多く、見込み顧客のニーズ、すなわちマイホーム資金計画や住宅ローンの具体的な返済計画に関するアドバイスが不十分で、結局、見込み顧客は、適用金利が少しでも低い金融機関を選択しているのが現状です。適用金利の引下げ競争に巻き込まれないためにも、見込み顧客のニーズに合ったアドバイスを前提にして自行の住宅ローンを提案し、クロージングを行うことを実践する必要があります。

☆契約後・借換え実行後の個別フォロー

　これまでの金融機関は、住宅ローンの契約後・借換え実行後となると、さまざまな要因により個別フォローを行っているケースが少ないのが実情です。特に提携ローンの場合は、住宅・販売事業者が主導となるために、住宅ローンの契約や実行時にしか顧客と会わないケースもあります。

　そのため、住宅ローン契約・実行後、他行からの借換えが頻発しているのが実態です。そこで、継続的な個別訪問や家計個別相談会、勉強会を行うなど、継続的なフォローを行っていく必要があります。これは、他行への借換え防衛対策だけでなく、積立預金や運用商品の獲得また保険商品の獲得にもつながります。

　たとえば、教育資金、年金、住宅ローン、生命保険の見直しなど、主として既存個人取引先に関心が高く、かつ自行で取り扱う金融商品の提案に結びつく可能性があるテーマについて、定期的なイベントの開催を行うことが考えられます。

　ただし、メインバンクの金融機関への期待感は大きいのですが、個別商品の紹介だけでは既存個人取引先であっても警戒感をもち、信頼関係を阻害する可能性があります。まずは個別商品に依拠せず広い視野をもって、アドバイスを中心とした情報提供を継続的に行うことが重要です。

ケーススタディ～借換えローン営業推進の全体的な流れ～

基本編 ケーススタディ：借換えローン
～借換えローン営業推進の全体的な流れ～

◆図表4-11　借換え営業推進の全体的な流れ

見込み顧客の明確化	営業エリア内で営業工作対象先のリストアップをすることから始める ・既存個人取引先（公庫融資、【フラット35】借入者） ・他行取引先 　　物件単位（分譲マンションと一戸建） ・法人・公務員等団体職域工作先 ・個人会員を集客・保有する法人・団体 ・生損保会社
見込み顧客の集客のためのアプローチ	営業工作対象先のリストアップをもとにして、特性を把握した個別のアプローチを行い、見込み顧客への集客を行う。特に他行取引先の個人は情報がないので、登記事項証明書などにより物件ごとの情報を把握する。 職域工作、個人会員を集客・保有する法人・団体、生損保会社については、新規ローンとセットで提案して協力体制を構築する
見込み顧客へのコンサルティングと提案およびクロージング	現在返済中の住宅ローンとの金利差や返済額の軽減だけでなく、見込み顧客の家計の見直しの観点から、個別のニーズを十分にヒヤリングして、各見込み顧客に合ったコンサルティングと提案を行う。借換え時の諸費用や事務手続きについての十分な説明も忘れずに行う
契約顧客のフォロー	新規ローンと同様に借換え後も家計の見直しの観点から個別フォローを行い、教育資金の積立てなどそのほかの提案を行う。将来金利上昇局面になった場合に借換えの可能性が発生するのでそのような場合には重点的なフォローを行う

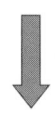

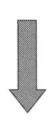

☆見込み顧客の明確化

　借換えローン営業推進の場合、見込み顧客の明確化は、既存個人取引先と他行取引先に大別されます。既存個人取引先の場合は旧住宅金融公庫の公庫貸し、【フラット35】を借りている顧客が対象となります。また、他行取引先は分譲マンションと一戸建に分けて見込み顧客の明確化を行います。また、新規ローン営業推進と同様に、法人取引先や公務員などの職域、集客・保有する団体や企業、保険会社などのリストアップを行います。

●既存個人取引先の場合

　現在の取引状況を確認して、借入種類と当初借入日、当初借入金額、現在の適用金利を確認しリストアップを行います。

◆図表4−12　既存個人顧客の営業工作リスト

顧客名	住　所	借入種類	当初借入日	当初借入金額	当初返済期間	現在の適用金利

●他行取引先

　他行取引先については個人情報の把握が難しいので、物件単位で見込み顧客を明確化します。

　分譲マンションについては、住宅地図や現地で確認を行い、対象となる物件を特定します。次に法務局での登記事項証明書の取得などで対象となる建物の竣工時期や各世帯別の情報（所有者や抵当権設定等）を確認します。

　一戸建の場合も分譲マンションと同様に、営業エリア内の対象物件について住宅地図や現地確認、また法務局での登記事項証明書の取得などによりリストアップを行います。

◆図表4－13　分譲マンションの営業工作リスト

物件名	住　所	竣工時期	総戸数

◆図表4－14　分譲マンションごとの営業工作リスト

物件名	借入者名	部屋番号	借入時期	借入金額	返済期間	抵当権者

◆図表4－15　一戸建ごとの営業工作リスト

借入者名	住　所	建物竣工日	借入時期	借入金額	返済期間	抵当権者

●営業工作対象先となる法人・団体

　新規ローンの営業推進と同様に、法人取引先の職域、従業員を集客・保有する団体や企業、保険会社も借換え見込み顧客のアプローチ先として有効です。新規ローンの営業推進とあわせてアプローチを行うために対象先を明確化します。

◆図表4－16　法人・団体等の営業工作リスト

法人・団体名	法人・団体の属性	住　所	担当者名

☆見込み顧客の集客のためのアプローチ
●既存個人顧客の場合

　前記で作成した営業工作リストをもとに、ダイレクトメール、電話、戸別訪問などでアプローチを行います。

　繰上返済を行っている場合には、現在の残高や残存期間が変わっている可能性があります。そこで、「まずは、家計の負担を減らすために現在返済中の住宅ローンの見直しの提案を行いたい」という趣旨の提案を行い、個別面談のアポイントメントを取り付けるようにします。

●他行取引先の場合

　前記で作成したリストをもとに、適用金利が自行で現在提案できる住宅ローンよりも高い先を優先していきます。また、過去の金利動向から適用金利が高い時期に借入れをした見込み顧客を優先してアプローチを行います。

　提案方法については、「自行の住宅ローンの借換え商品案内」を前面に出すのではなく、「家計の負担を軽減するための提案」の一環として住宅ローンの借換え提案を行うほうが競合他行との差別化になり、見込み顧客にも受け入れやすい提案になります。具体的には、まずは自行の住宅ローン商品紹介をするのではなく、業法上問題がないような案内書を配布して、住宅ローンの借換えの重要性や家計に対するメリット主体に説明を行い、個別相談のアポイントメントを取るようにすることが重要です。

なお、分譲マンションと一戸建によって、アプローチ方法に違いがあります。

①分譲マンションの場合

登記事項証明書などにより借入者の情報が把握できたとしても、個人情報の関係上、ダイレクトメールなどのアプローチは印象を悪くする可能があったり、オートロックの物件も増えているため、アポイントメントなしの戸別訪問も難しいのが実情です。また、集合ポストへのチラシのポスティングについても、クレームになるケースもあり得るので、慎重にアプローチを行う必要があります。

そこで、分譲マンションの場合は、マンションの管理会社経由で管理組合の理事長へ、組合員、すなわち居住者に対して、住宅ローンの借換えに関する情報提供や個別相談会を提供するという提案を行ってみるのもひとつの方法です。管理会社がすぐに特定できない場合には、管理人から管理会社をヒヤリングしたり、管理組合の理事長を紹介してもらう方法があります。

②一戸建住宅の場合

マンションと違い、アプローチを行いやすいケースが多いのですが、いきなりダイレクトメールを送ったり、電話営業を行ったりするのは印象が悪くなる可能性があるので、まずはチラシのポスティングからはじめて、戸別訪問を行うことが有効です。

●営業工作対象先となる法人・団体

新規ローンの営業推進と同様に、営業工作対象先となる法人・団体に対してアプローチを行います。

いずれも、住宅ローンを返済中の従業員、個人会員、既契約者に対して、自行の住宅ローンの商品説明ではなく、サービスとして住宅ローンの借換えの重要性や家計に対するメリット主体としたセミナー・勉強会、個別相談会などのイベントを提供する提案を、各責任者に対して行うことが重要となります。

セミナー・勉強会や個別相談会などのイベントを開催することができれば、

その参加者をデータベース化して、参加者ごとに継続的な個別フォローを行います。

☆見込み顧客へのコンサルティングと提案およびクロージング

借換えの場合、現在の適用金利と返済額と借換え後の適用金利と返済額を比較してその効果を提案すると同時に、見込み顧客のこれからのライフプランや今後の収入や教育資金および老後資金の積立てなど今後の支出の見込み、金利上昇に対する家計のリスク許容度など、各見込み顧客のニーズにあったコンサルティングと提案が重要となります。

そのためには、見込み顧客に対して今後のライフプラン、今後の家計状況などのヒヤリングを十分に行う必要があります。

☆契約後・借換え実行後の個別フォロー

新規ローンと同様に、金融機関は、現在までのところ住宅ローンの契約後・借換え実行後、さまざまな要因により個別フォローを行っているケースは少ないのが実情です。そこで、継続的な個別訪問や家計個別相談会、勉強会を行うことで継続的なフォローを行っていく必要があります。

一度借換えを行うと頻繁に借換えを行うケースは少ないのが実情ですが、過去に金利が上昇した局面では、たとえ適用金利が高くなり返済額が増えたとしても、もっと金利が上がって返済額が増えるのではないかという不安感から、変動金利型や短期の一定期間固定金利選択型から全期間固定金利型に借換えをするケースが加速しました。

よって、将来継続的に金利が上昇する局面に入った場合には、他行への借換え防止のために個別フォローをするように心がけておきましょう。

ケーススタディ：新規ローン
～新築マンション購入（子供の教育資金を考慮した家族世帯向けの相談事例）～

◆子供の教育資金を考慮した家族世帯向けの相談事例◆

●プロフィール

家族構成：世帯主33歳（会社員　年収500万円）、配偶者31歳（専業主婦）、長男4歳、今年2子が誕生予定

金融資産：600万円（借入れはない）

住宅事情：現在は賃貸。家賃は月額8万円（共益費も含む、更新料は2年に1回8万円）

駐車場代：1万円（月額）

希望物件価格：3,500万円

●ヒヤリング内容

　2子目が誕生し家族4人になるので現在の住居が手狭になり、子供の小学校入学も考えて検討を開始した。物件を探す前にどのくらい住宅ローンを借りることができるかは、まずは金融機関に相談したい。

　住宅ローンの返済は、できれば今の住宅ローンの家賃並み、ボーナス時増額返済は、ボーナスが減少傾向なので、設定せずに返済したい。

　また、子供の教育資金を考えると、将来金利が上昇したら返済が不安になるので、完済まで返済額が変わらない返済を行いたい。

☆相談のポイント

　今後子供の教育資金がかかると予想される家族世帯の将来の支出は、教育資金が進路によって変わるため想定が難しく、現在の住居費をもとに購入後

の住居費（住宅ローンの返済額＋住宅維持費）を試算する方法が有効です。

また、金利タイプについては、金利タイプごとに金利上昇を前提とした返済額のシミュレーションを提示し、もしも金利が上昇した場合に家計が対応できるかどうかを相談者に十分に検討してもらう必要があります。

子供がいる世帯は、全期間固定金利型を希望しているケースが多いのですが、全期間固定金利型の場合は適用金利が他の金利タイプより高くなります。今後教育費の増大を考慮して当初返済額を少しでも少なくするため、やむを得ず変動金利型など、完済まで返済額が確定しない金利タイプを選択しています。

この状況では、金利の上昇リスクを家計が抱えたままになり将来家計が破綻しないよう、家計の見直しを前提とした金利タイプの提案が重要です。

☆シミュレーション
●購入時の諸経費の概算把握

新築マンション購入時の諸費用は、「図表4－17」のようになります。

◆図表4－17　新築マンション購入時の諸費用

・物　　　件	売買契約書印紙代、登記費用（登録免許税＋司法書士報酬）、火災保険、不動産取得税、固定資産税等の清算金、修繕積立金基金
・住宅ローン	契約書印紙代、登記費用（登録免許税＋司法書士報酬）、融資・事務手数料、保証料
・そ　の　他	引越し費用、家電製品等の購入費用

詳細は物件ごとに異なり、住宅・販売事業者からの見積りにもよりますが、新築分譲マンション購入時の諸費用の目安は、物件価格の4％とします（参考：新築分譲一戸建て（（仲介手数料あり7％、仲介手数料なし4％）、中古マンションや中古一戸建て7％、注文住宅（土地なし）で10％が目安）。

ケーススタディ
~新築マンション購入（子供の教育資金を考慮した家族世帯向けの相談事例）~

よって、3,500万円の物件であれば、3,500万円×4％＝140万円を諸費用と仮定します。諸費用は、原則現金での支払いとなります。

●頭金の確認

頭金や購入時の諸費用の支払いは現金払いが原則なので、現在の預貯金から諸費用を差し引きます。ただし、残りの全額を頭金にせずに預貯金として残す必要があります。手元に残す預貯金の目安は、生活費の約6ヵ月～1年分と、必ず支払いが予定されている資金（子供の入学資金など）の合計です。

この場合、頭金は、預貯金から「諸費用」、および「手元に残す預貯金」を差し引いた残額、すなわち、「600万円－140万円（諸費用）－160万円（生活費：20万円×6ヵ月＋支払い予定資金40万円）」＝300万円ほどとなります。

●住宅ローンの借入金の確定

希望する物件価格は3,500万円、頭金を300万円とすると、3,200万円が住宅ローンの借入金となります。

●返済計画の検討

「借入金額3,200万円」、「返済期間35年」、「元利均等返済」、「ボーナス時増額返済なし」という条件とし、金利タイプごとに返済額を比較します。

◆図表4－18　金利タイプごとの返済額の比較

◎変動金利型
　適用金利：　1.275％（借入時基準金利2.475％。完済までの全期間1.2％優遇）
　返済開始時の返済額：　9.4万円（月額）
　金利上昇を想定したシミュレーション
　借入から5年後より毎年0.5％ずつ基準金利が上昇して、9年目以降の適用
　　金利が3.275％となった場合の返済額（月額）
　　・当初5年間：　9.4万円
　　・6～10年目：　10.1万円
　　・11年目以降：　12.5万円
◎一定期間固定金利選択型
　適用金利：10年固定2.0％（借入時基準金利3.8％より1.8％優遇）11年目以降

は、完済まで基準金利より1.0％優遇
　返済開始時の返済額：10.6万円（月額）
　金利上昇を想定したシミュレーション
　　11年目の適用金利が現在の適用金利の2.0％より1％、2％上昇した場合の返済額（月額）
　　・11年目以降の適用金利が3.0％：　11.8万円
　　・11年目以降の適用金利が4.0％：　13.1万円
◎全期間固定金利型
　適用金利：　2.8％
　返済開始時から完済時までの返済額：　11.5万円（月額）

●マンション購入後の住宅維持費

マンションを購入した後は、「図表4－19」のように住宅維持費がかかります。

◆図表4－19　住宅維持費

・月　額：管理費、修繕積立金、駐車場代
・毎　年：固定資産税、都市計画税

正確な金額は物件が決まれば住宅・販売事業者に確認できますが、ここでは、たとえば管理費と修繕積立金の合計を月額1.5万円、駐車場代を月額1万円、固定資産税と都市計画税の合計額を年間9万円というように、周辺の既存物件を参考に仮定します。この場合、住宅維持費は月額2.5万円、年間で2.5万円×12ヵ月＋9万円＝39万円となります。

●購入前の住居費と購入後の住居費の比較

購入前の住居費と金利タイプごとの購入後の住居費を比較すると、「図表4－20」のようになります。

ケーススタディ
～新築マンション購入（子供の教育資金を考慮した家族世帯向けの相談事例）～

◆図表4－20　購入前の住居費と金利タイプごとの購入後の住居費を比較

◎購入前（現在）の住居費
　・住居費（月額）：　8万円（家賃）＋1万円（駐車場代）＝9万円
　・住居費（年間）：　8万円×12ヵ月＋1万円×12ヵ月＋8万円÷2（更新料）
　　　　　　　　　　＝112万円　　月額9万円、年間112万円

◎購入後の住居費（返済開始直後の返済額）
　①変動金利型の場合
　・住居費（月額）：　9.4万円（住宅ローン返済額）＋1.5万円（管理費と修繕
　　　　　　　　　　積立金）＋1万円（駐車場代）＝11.9万円
　・住居費（年間）：　11.9万円×12ヵ月＋9万円（固定資産税＋都市計画税）
　　　　　　　　　　＝151.8万円
　②一定期間固定金利選択型（10年）
　・住居費（月額）：　10.6万円（住宅ローン返済額）＋1.5万円（管理費と修
　　　　　　　　　　繕積立金）＋1万円（駐車場代）＝13.1万円
　・住居費（年間）：　13.1万円×12ヵ月＋9万円（固定資産税＋都市計画税）
　　　　　　　　　　＝166.2万円
　③全期間固定金利型
　・住居費（月額）：　12.0万円（住宅ローン返済額）＋1.5万円（管理費と修繕
　　　　　　　　　　積立金）＋1万円（駐車場代）＝14.5万円
　・住居費（年間）：14.5万円×12ヵ月＋9万円（固定資産税＋都市計画税）
　　　　　　　　　　＝183万円

購入前と購入後の住居費の比較

購入前の住居費	購入後の住居費	差　額
月額　9万円 年間112万円	変動金利型	
^	月額　11.9万円	月額　2.9万円増
^	年間151.8万円	年間39.8万円増
^	一定期間固定金利選択型（10年）	
^	月額　13.1万円	月額　4.1万円増
^	年間166.2万円	年間 54.2万円贈
^	全期間固定金利型	
^	月額14.5万円	月額5.5万円増
^	年間183万円	年間71万円増

☆現状分析と提案

これまでの計算結果をまとめて、現状分析にもとづいた提案を行い、相談者の意見や希望を確認します。

●現状分析

年収500万円、返済期間35年、元利均等返済の場合、住宅ローンによる3,200万円の借入は可能なもの（審査が前提）の、どの金利タイプでも現在の住居費と同等とはなりません。また、希望の全期間固定金利型の場合、月額5.5万円増、年間71万円増となります。

●提　　案

前記、現状分析をもとに、次のような提案をしてみます。

> 提案1：将来の適用金利上昇した場合には返済額は増えますが、変動金利型や一定期間固定金利選択型（10年）であれば、現在の住居費に近づきます
>
> 提案2：住宅ローンを借りると団体信用生命保険に加入して必要保障額が変動するので、生命保険などの見直しを行い、生命保険料の減額分を住宅ローンの返済に充当できます
>
> 提案3：生命保険料以外の家計の支出（月額）を見直して家計の支出を減らし、減額分を住宅ローンの返済に充当します
>
> 提案4：親からの生前贈与を受けることにより住宅ローンの借入金を減らし、毎月の返済額を減らします
>
> 提案5：希望の物件価格を下げて、借り入れる住宅ローンを減らして返済額を減らします

●顧客ニーズの確認

前記の提案に対して、「図表4－21」のような希望等があったとします。

ケーススタディ
～新築マンション購入（子供の教育資金を考慮した家族世帯向けの相談事例）～

◆図表4－21　顧客の意見や希望（仮定）

提案1：返済額が変わる可能性がある変動金利型や一定期間固定金利選択型（10年）は考えたくない
提案2・3：必ず行いたいのでアドバイスが欲しい。
提案4：親と相談してみるので、どのくらいの金額が必要か、また贈与税等はどうなるか教えて欲しい。
提案5：子供の学区や通勤を考慮した希望地域の新築マンションの相場から、3,500万円より安い物件はなさそうなので、必要資金は下げられない。

☆相談者のニーズに応える提案とフォロー
●相談者のニーズに応える提案

　相談者の意見や希望にもとづき、生命保険の見直しによる生命保険料の減額を月額2万円、そのほかの家計の見直し等で月額2万円を新たに拠出して、住宅ローンの返済に充当します。また、親から生前贈与として500万円（相続時精算課税制度を活用）を受けると仮定すると、次のような提案になります。

①購入後の年間住居費は、家計の見直し等により月額4万円、年間で48万円が新たに住居費に拠出が可能となります。

②親からの生前贈与の500万円を充当すると、当初借入金額3,200万円から2,700万円となり、返済期間35年、全期間固定金利型2.8％、元利均等返済、ボーナス時増額返済なしの場合の返済額は月額10.1万円となって、借入金3,200万円より月額1.9万円、年間で22.8万円が減額可能となります。

　対策前は全期間固定金利型2.8％を選択した場合、購入後の住居費が購入前の住居費よりも年間71万円オーバーしていましたが、家計の見直し等による年間48万円の減額と親からの生前贈与500万円で借入金を2,700万円に減額することにより年間返済額が約23万円の減額できるので、それらの合計額48万円＋23万円＝71万円と購入後の住居費の増額分

を相殺することができ、相談者の希望に沿った住宅ローンの提案が可能となります。

　また、これにより、住宅事情によって異なりますが、多くの場合、月々の返済額が同じで賃貸時代よりも広い物件の入手が可能になってきます。一方、親より生前贈与を受けていますが、将来物件の価値が下がったとしても、物件の価値はある程度残りますので、補てんができると考えることもできます。

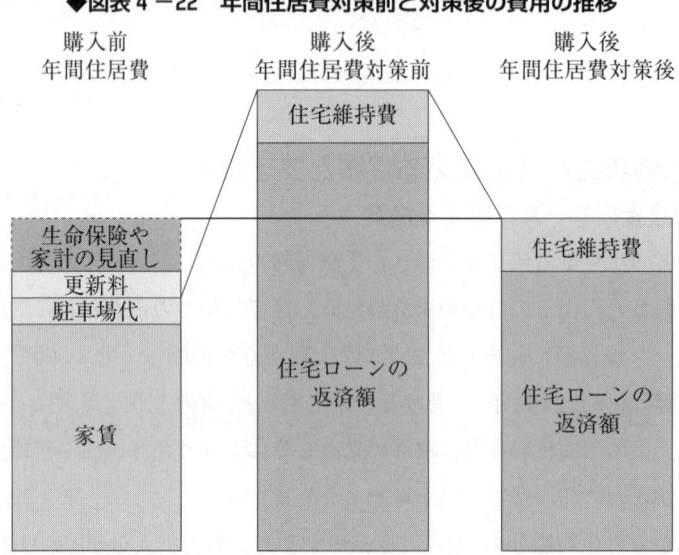

◆図表4－22　年間住居費対策前と対策後の費用の推移

購入前 年間住居費	購入後 年間住居費対策前	購入後 年間住居費対策後
生命保険や家計の見直し 更新料 駐車場代 家賃	住宅維持費 住宅ローンの返済額	住宅維持費 住宅ローンの返済額

●提案後のフォロー

　相談者の希望に沿った住宅ローンの提案ができたので、相談者の物件に対する希望をヒヤリングして、提携先の住宅・販売事業者に紹介が可能です。実際に物件を検討し始めると、物件価格が変化したり、正確な諸費用が把握できるので、つど相談に対応して、住宅ローンの獲得までフォローします。

ケーススタディ：新規ローン
~新築マンション購入
(老後の生活を考慮した単身者向けの相談事例)~

実践編

◆老後の生活を考慮した単身者向けの相談事例◆

● プロフィール

家族構成： 単身世帯、40歳（会社員　年収600万円）
住宅事情： 現在は賃貸。家賃は6万円（月額、共益費含む、更新料は2年に1回6万円）
希望物件価格： 2,500万円
預　貯　金： 1,000万円（手付金支払後）

● ヒヤリング内容

　毎月の家賃がもったいないし、今のところ親との同居の予定もないので、老後の生活を考えて住宅の購入を行いたい。すでに気に入った物件がみつかり、手付金500万円を支払済みで売買契約も終わっている。住宅ローンの審査も他行にて仮審査が通っている。

　住宅・販売事業者からは仮審査の内容で提案されているが、本当に提案された住宅ローンで問題ないか相談したい。

　手付金を支払ったあと預貯金が1,000万円あるが、頭金に使ったほうがよいか、手元に残したほうがよいか判断に迷っている。

ヒアリング内容

☆仮審査済みの住宅ローンの内容☆

借　入　金： 2,000万円
返　済　期　間： 35年
返　済　方　法： 元利均等返済　ボーナス時増額返済なし
適　用　金　利： 変動金利型1.275％

```
返済額(月額)： 5.9万円
         ☆住宅・販売事業者から提示されている諸費用☆
建物に関する購入時の諸費用合計： 40万円
住宅ローンに関する諸費用合計： 45万円
購入後の諸費用： 修繕積立金・管理費月額2万円、固定資産税・都
           市計画税年間7万円（年間合計31万円）
```

☆相談のポイント

　単身者の場合、老後の生活はもちろんこれから結婚や親との同居の可能性もあるため、購入した物件を将来売却や賃貸にする選択肢も考慮して、住宅ローンは早めに完済したほうが相談者にとってメリットがあります。家計の支出にもゆとりがあるケースも多いことからも、最長でも60歳までの完済を前提にするような提案が有効です。

　預貯金にもゆとりがあれば、金利上昇によって返済額が増加した場合でもリスク許容度も高いので、相談者が積極的に全期間固定金利型を希望しなければ、変動金利型や一定期間固定金利選択型の提案を主に行います。

☆シミュレーション

●返済計画の検討

　「借入金2,000万円」、「元利均等返済」、「ボーナス時増額返済なし」を前提とし、現在の年齢を考慮しつつ、「返済期間を15年、20年」として返済計画を検討します。

◆図表4−23　金利タイプごとの返済額の比較

```
◎変動金利型
  適用金利：1.275％（借入時基準金利2.475％。完済までの全期間1.2％優遇）
  金利上昇を想定したシミュレーション
    借入から5年後より毎年0.5％ずつ基準金利が上昇して、9年目以降の適
    用金利が3.275％となった場合の返済額
```

ケーススタディ
〜新築マンション購入（老後の生活を考慮した単身者向けの相談事例）〜

- 返済期間15年の場合（月額）
    - 当初5年間： 12.2万円
    - 6〜10年目： 12.5万円
    - 11年目以降： 13.8万円
- 返済期間20年の場合（月額）
    - 当初5年間： 9.4万円
    - 6〜10年目： 9.7万円
    - 11年目以降： 11.1万円

◎一定期間固定金利選択型

適用金利： 10年固定2.0％（基準金利3.8％より1.8％優遇）11年目以降は、完済まで基準金利より1.0％優遇

金利上昇を想定したシミュレーション

11年目の適用金利が現在の適用金利2.0％より1％、2％上昇した場合の返済額

- 返済期間15年の場合（月額）
    - 返済開始時から10年間の返済額： 12.9万円
    - 11年目以降の適用金利が3％： 13.1万円
    - 11年目以降の適用金利が4％： 13.4万円
- 返済期間20年の場合（月額）
    - 返済開始時から10年間の返済額： 10.1万円
    - 11年目以降の適用金利が3％： 10.6万円
    - 11年目以降の適用金利が4％： 11.0万円

相談者の希望によりますが、変動金利型を選択した場合、年収から購入後の住宅維持費（管理費と修繕積立金2万円（月額）と固定資産税・都市計画税7万円）を考慮しても、借入から当初5年間は返済期間15年で購入後の年間住居費が177.4万円、返済期間20年で購入後の年間住居費が143.8万円であり、返済は可能といえます。

ここで、相談者の預貯金が1,000万円あるので、購入時諸費用100万円を考慮し預貯金の最終金額が500万円になるように400万円を頭金に追加して、借入金を1,600万円とした場合の返済計画を検討してみます。

◆図表4−24　頭金の増額後の返済額の比較

◎変動金利型

適用金利：1.275％（借入時基準金利2.475％。完済までの全期間1.2％優遇）

金利上昇を想定したシミュレーション

借入から5年後より毎年0.5％ずつ基準金利が上昇して、9年目以降の適用金利が3.275％となった場合の返済額

- 返済期間15年の場合（月額）
    - 当初5年間　　　　：　　9.8万円
    - 6〜10年目　　　　：　10.0万円
    - 11年目以降　　　　：　11.0万円
- 返済期間20年の場合（月額）
    - 当初5年間　　　　：　　7.6万円
    - 6〜10年目　　　　：　　7.8万円
    - 11年目以降　　　　：　　8.8万円

◎一定期間固定金利選択型（10年）

適用金利：10年固定2.0％（基準金利3.8％より1.8％優遇）

　　　　　　　11年目以降は完済まで基準金利より1.0％優遇

金利上昇を想定したシミュレーション

11年目の適用金利が現在の適用金利2.0％より1％、2％上昇した場合の返済額

- 返済期間15年の場合（月額）
    - 返済開始時から10年間の返済額：　10.3万円
    - 11年目以降の適用金利が3％：　　10.5万円
    - 11年目以降の適用金利が4％：　　10.7万円
- 返済期間20年の場合（月額）
    - 返済開始時から10年間の返済額：　8.1万円
    - 11年目以降の適用金利が3％：　　8.5万円
    - 11年目以降の適用金利が4％：　　8.8万円

ケーススタディ
~新築マンション購入（老後の生活を考慮した単身者向けの相談事例）~

☆提　案

●頭金増額による当初借入額の軽減

　現在、住宅・販売事業者からは35年返済での提案を行っていますが、老後の生活等を考慮して55歳または60歳で完済するよう返済期間を15年、20年とし、金利上昇も想定した返済計画を提案します。また、現在借入額を2,000万円としていますが、最終預貯金が500万円となるように、購入時の諸費用100万円を考慮して頭金400万円を追加し、借入金が1,600万円した場合の返済計画も合わせて提案します。

　なお、返済方法はすべて「元利均等返済」、「ボーナス時増額返済なし」としています。

◆図表4－25　借入金2,000万円の場合の返済計画

返済期間	金利タイプ	返　済　額	購入後の住居費
返済期間15年	変動金利※ 1.275%	・当初5年間 　　月額12.2万円 ・6～10年目 　　月額12.5万円 ・11年目以降 　　月額13.8万円	当初5年間 月額14.2万円 年間177.4万円
返済期間20年	変動金利※ 1.275%	・当初5年間 　　月額9.4万円 ・6～10年目 　　月額9.7万円 ・11年目以降 　　月額11.1万円	当初5年間 月額11.4万円 年間143.8万円
返済期間15年	一定期間固定金利選択型（10年） 2.0%	・当初10年間 　　月額12.9万円 ・11年目以降 　適用金利1％上昇 　　月額13.1万円 　適用金利2％上昇 　　月額13.4万円	当初10年間 月額14.9万円 年間185.8万円

| 返済期間20年 | 一定期間固定金利選択型（10年）2.0% | ・当初10年間
　月額10.1万円
・11年目以降
　適用金利1％上昇
　月額10.6万円
　適用金利2％上昇
　月額11.0万円 | 当初10年間
月額12.1万円
年間152.2万円 |

※ 仮に借入から5年後より毎年0.5％ずつ基準金利が上昇して、9年目以降の適用金利が3.275％と想定

◆図表4－26　借入金1,600万円の返済計画

返済期間	金利タイプ	返済額	購入後の住居費
返済期間15年	変動金利※ 1.275％	・当初5年間 　月額9.8万円 ・6～10年目 　月額10.0万円 ・11年目以降 　月額11.0万円	当初5年間 月額11.8万円 年間148.6万円
返済期間20年		・当初5年間 　月額7.6万円 ・6～10年目 　月額7.8万円 ・11年目以降 　月額8.8万円	当初5年間 月額9.6万円 年間122.2万円
返済期間15年	一定期間固定金利選択型（10年）2.0%	・当初10年間 　月額10.3万円 ・11年目以降 　適用金利1％上昇 　月額10.5万円 　適用金利2％上昇 　月額10.7万円	当初10年間 月額12.3万円 年間154.6万円
返済期間20年		・当初10年間 　月額8.1万円 ・11年目以降 　適用金利1％上昇 　月額8.5万円 　適用金利2％上昇 　月額8.8万円	当初10年間 月額10.1万円 年間128.2万円

※ 仮に借入から5年後より毎年0.5％ずつ基準金利が上昇して、9年目以降の適用金利が3.275％と想定

ケーススタディ
～新築マンション購入（老後の生活を考慮した単身者向けの相談事例）～

●提案1　（繰上返済による借入額・借入期間の調整）
　借入金の残高を減らしたり返済期間を短くすることは、繰上返済手数料がかかる場合もありますが、借入後に繰上返済により可能となります。一方、原則として、借入後に借入金を増やしたり、借入期間を延ばしたりすることはできません。よって、余裕をもって返済期間は長めに、借入金は多めにスタートして、返済をはじめてから家計の様子をみて無理のない繰上返済とすることがよいでしょう。

●提案2　（金利タイプの選択方法）
　金利タイプについては、将来の金利予想が実質不可能なので、どちらが有利ということを断言することはできません。
　変動金利型は半年に1回適用金利を見直しますが、返済額は5年ごとに見直しを行います。金利が上昇して返済額が増えた場合、これまでの返済額の1.25倍が上限となりますが、金利上昇によっては、「未払い利息」が発生する可能性があります。
　一定期間固定金利選択型（10年）の場合、10年間返済額は変わらず11年目に適用金利を見直すので、11年目以降の返済額は、11年目に選択する適用金利により決定します。変動金利型のように新しい返済額には上限はありません。
　いずれも金利上昇のシミュレーションをみると、いずれも返済額が急激に増える可能性が低いと予想されるので、基本的には、半年に1回適用金利が見直される変動金利型を提案し、金利動向が気になって精神的な負担が大きければ、一定期間固定金利選択型（10年）を提案するのがよいと考えます。

☆相談者のニーズに応える提案とフォロー
　相談者に住宅ローンの仮審査が終わった後でも必ずしも住宅・販売事業者から提携ローンを借りる必要がないことを伝えて、自行の住宅ローンへ勧誘するようにしましょう。その場合、物件の引渡し時期を確認して、引渡し時

に住宅ローンの実行が間に合うようなフォローが必要です。また、住宅・販売事業者による提携ローンは、借入後の繰上返済についてフォローするのか不明であるが、自行では借入後でも継続的にフォローする旨を伝えて差別化を図りましょう。また、老後生活に不安を持っているので、預金の積立てなど資産形成のアドバイスを提案し、継続的にフォローすることも有効です。

実践編 ケーススタディ：新規ローン
～注文住宅（土地購入後、注文住宅を建てる）～

◆土地購入後、注文住宅を建てる◆

●プロフィール

土地未保有者で土地購入、工費費用とも住宅ローンの借り入れる場合

家族構成： 世帯主35歳（会社員、年収550万円）、配偶者33歳（公務員、年収400万円）、長男6歳、長女4歳

預　　金： 1,200万円

住宅事情： 現在は賃貸。家賃は10万円（月額、共益費も含む、更新料は2年に1回10万円）

駐車場代： 1万円（月額）

希望購入価格： 土地2,500万円　建物の工費費用2,000万円

●ヒヤリング内容

　土地未保有者で自己資金（頭金＋諸費用）はあるが、土地購入代金と建築費とも住宅ローンで用意したい。気に入った土地を不動産仲介会社から紹介されているので、まずは土地を購入して、建物の施工会社はこれから探す予定である。不動産仲介会社のほうで提携ローンを紹介してくれるという話もあるが、給与振込先でもあるので相談にきてみた。

☆相談のポイント

　土地未保有者が土地購入、建築費とも住宅ローンを借りる場合、施工会社が未定のケースも多くあります。仮に希望の施工会社が決まっていたとしても、購入する土地によって容積率や建ぺい率が違うため、土地購入の審査時に必要な建物の工費費用の見積書が、準備できないケースを想定しておく必

要があります。

　建物の工費費用の見積書がない場合は対応しない金融機関もありますが、住宅ローンの営業推進のためには積極的に対応する必要があります。

　また、はじめは土地購入後に注文住宅を希望していても、気に入る土地がみつからなかったり、予算の都合で新築・中古分譲マンションや一戸建てに変更することもよくあり、このような場合であれば、提携先の住宅・販売事業者への案件も発生して、見込み顧客の囲込みと住宅・販売事業者との深耕も可能となります。

　業務上、本来は住宅ローンに関する相談や提案が主だとしても、このような場合、まずは、資金計画の相談に重点をおいた対応が求められます。

☆シミュレーション
●資金計画全体の整理
　はじめに現金支払いと住宅ローンの借入金額を概算で整理します。

◆図表4-27　現金支払いと住宅ローンの借入金額の概算

- 土地関係の諸費用の概算合計：361.5万円
  売買契約書の印紙代：　1.5万円
  土地購入の手付金（物件価格の10％）：　250万円
  土地購入のための仲介手数料（物件価格×3％+6万円+消費税）：　約85万円
  登記関係の諸費用：　25万円
  土地の不動産取得税：　0円（不動産所得税の軽減処置により）
- 建築工事関係の諸費用の概算合計（契約前後）：278万円
  地盤調査費用：　10.5万円
  工事請負契約時の印紙代：　1.5万円
  建築確認申請費用：　21万円
  つなぎ融資の諸費用（つなぎ融資契約書印紙代、融資手数料、融資保険料、融資期間中の利息など）合計：　20万円

決済時に建物工事費用： 200万円（2,000万円のうち10％を現金払い）
登記関係の諸費用： 20万円
建物の不動産取得税： 不動産所得税の軽減処置で5万円
（設計料、申込手付金、契約手付金が発生する施工会社もありますが、今回は考慮しないものとします）

※1 建物工費費用の着工金や中間金（いずれも工事費用の20～30％）
　　着工金：2,000万円×30％＝600万円
　　中間金：2,000万円×30％＝600万円

※2 つなぎ融資の諸費用
　　　今回は、着工金600万円と中間金の600万円の合計1,200万円をつなぎ融資とします。
　　　建物工事費用の着工金や中間金をつなぎ融資で支払う場合は、つなぎ融資の諸費用が発生（つなぎ融資の諸費用は、つなぎ融資の融資額から差し引かれて実行されるので、その分は現金での用意が必要）

・住宅ローン諸費用（現段階では返済期間35年、元利均等返済）の概算合計：100万円
　土地代金分借入金額2,250万円： 55万円
　建物代金分借入金額1,800万円： 45万円

・その他諸費用の概算合計： 150万円
　火災保険等： 50万円
　引越し代、家具購入費、カーテン代など：100万円

以上より、諸費用として現金支払いの概算合計は、約890万円

・住宅ローンの借入金額
　土地代金決済時： 2,250万円（物件価格2,500万円の90％）
　建物引渡し時の建物工事費用代金決済： 1,800万円（工事費用2,000万円の90％）
　住宅ローンの借入金額の合計： 4,050万円

◆図表4−28　注文住宅（土地未保有者）の流れ

物　件 イベント		資　金	
土　地	建　物	イベント	備　考
物件探し ↓ 物件決定 ↓ 買付証明書記入 ↓ 重要事項説明 売買契約 ↓ 土地引渡し	施工会社探し ↓ 建物工事 仮見積 ↓ 建築プラン決定 ↓ 工事請負契約 締結 ↓ 工事開始 建物完成 ↓ 建物引渡し	 住宅ローン仮審査申込 ↓ 住宅ローン仮審査結果 ↓ 手付金支払い ↓ 住宅ローン本審査申込 ↓ 住宅ローン本審査結果 ↓ 住宅ローン契約 ↓ 代金決済 住宅ローン実行 （土地分） ↓ 住宅ローン本審査申込 （建物分） ↓ 着工金支払い ↓ 中間金支払い ↓ 代金決済 住宅ローン実行 （建物分）	 つなぎ融資の有無確認 物件価格の1割以内支払い 仲介手数料一部支払い 住宅ローン本審査実行日確定できしだい土地引渡日仮確定 仲介手数料残金支払い、土地登記費用支払い （つなぎ融資実行） （つなぎ融資実行） 建物登記費用支払い、住宅ローン諸費用

●必要な自己資金（頭金＋諸費用）と住宅ローンの借入必要額の整理

土地の物件価格を2,500万円、建物の工事費用を2,000万円を前提とすると、

資金計画全体の整理により必要な自己資金（頭金＋諸費用）が約890万円、住宅ローンの必要借入金が4,050万円となります。

現在、預貯金が1,200万円あるので、必要な自己資金（頭金＋諸費用）が約890万円でも310万円は手元資金として残ります。住宅ローンの借入金4,050万円については、夫の収入が550万円、妻の収入が400万円あり、妻も仕事を続ける予定です。審査が前提ですが、夫の単独債務で借入が可能か、夫と妻の単独債務の合算か、（夫婦収入合算が可能な場合も含む）を提案します。

よって、今回は予定どおり、土地価格2,500万円と建物工事費用2,000万円以内になるような資金計画を提案します。

もし、必要な自己資金（頭金＋諸費用）が現在の預貯金より多かったり、夫婦の年収から住宅ローンの借入金が難しい場合は、土地価格の予算や建物工事費用の見直し、または親からの生前贈与などの再検討を提案します。

● 返済計画の検討

「実践編　ケーススタディ：新規ローン～新築マンション購入～」と同様、金利タイプごと、金利上昇のシミュレーションも含んだ返済額の算出を行い、相談者の希望に合った金利タイプの決定を行います。

● 一戸建て購入後の住宅維持費

一戸建ての場合の住宅維持費は、表面的には固定資産税と都市計画税だけです。ただし、自主的な建物のメンテナンスが必要となります。10～15年ごとに外壁の塗替え、給湯器や水周りのメンテナンスで合計100～200万円程度かかります。

よって、固定資産税と都市計画税だけでなく、自主的な修繕積立金として最低でも月額1万円以上を計上する必要があります。このとき、自行の積立預金の利用を必ず提案しましょう。

● 取得前の住居費と取得後の住居費の比較

取得前の住居費と取得後の住居費についても、前述の「実践編　ケーススタディ：新規ローン～新築マンション購入～」と同様に、金利タイプごとに

比較して関係上問題がないか、問題がある場合はその対策を検討します。

☆提　　案
●建物工事費用が未定の場合のアドバイスのポイント等
　土地未保有者で注文住宅を希望している場合、新築分譲住宅と違っていろいろな諸費用がかかり、その支払いのタイミングもよく理解していない場合がほとんどです。また、土地価格にもバラツキがあり、建物の工事費用も施工会社によって違いがあります（工事費用の目安は、地場工務店で坪単価40万円台から、ハウスメーカーで坪単価60万円以上）。そのため、予算が立てにくいのが実情です。そこで、現在考えている予算、現在の年収や預貯金をもとに、資金計画全体の説明や必要な自己資金（頭金＋諸費用）、支払いの流れを説明して、現在の予算の見直しなどのアドバイスを行います。

●建物工事費用が未定の場合のアドバイスのポイント
　建物工事費用が未定の場合のアドバイスのポイントは、以下のとおりです。

> 提案１：土地価格2,500万円、建物工事費用2,000万円を前提にすると、予想される必要な自己資金（頭金＋諸費用）は、全額で最低890万円、住宅ローンの借入額は、合計で4,050万円になると考えられます。
>
> 　現在の預貯金は1,200万円あるので、現金で支払う必要がある費用が890万円かかっても310万円残るので問題はないと考えます。よって、現段階では以下のような資金計画をもとに、土地探しや建物工事費用の検討を行うことをお勧めします。
>
> 　　・現段階での資金計画
> 　　　　土地価格の予算：　2,500万円以内
> 　　　　建物工事費用の予算：　2,000万円以内

ケーススタディ
~注文住宅（土地購入後、注文住宅を建てる）~

> 必要な自己資金（頭金＋諸費用）（現金支払いが必要な費用合計）：　890万円
>
> 住宅ローンの借入額：　4,050万円
>
> 提案2：ご夫婦で収入があり配偶者の方もお仕事を継続されるということなので、審査を正式に行う必要がありますが、世帯主の方のみの借入でも、ご夫婦それぞれによる借入も可能です。ご希望をお聞きして再度ご提案します。
>
> 提案3：住宅ローンの具体的な返済計画については、変動金利型、一定期間固定金利選択型、全期間固定金利型別にご提案します。実際の返済額をみていただきながら、今後の教育資金などの考慮して、ご希望にあった返済計画をご提案します。
>
> 提案4：正式な審査については施工会社の見積りが必要となりますが、土地が決まらないと建物のプランが検討できないのが実情です。そこで、施工会社がまだ決まっていないということなので、自行でご紹介できる施工会社をご希望にあわせて数社ご紹介しますので、気に入った土地がみつかった段階でその土地にあわせた見積りをすぐにご依頼してご準備ください。

●提案後のフォロー

不動産仲介会社でも提携ローンの提案の話があるので、つどフォローを行い、土地購入から住宅ローンの実行ができるようにしましょう。また、今回の提案で建物の予算もほぼ確定できており、現在検討中の土地の購入が決まれば、容積率や建ぺい率などの建築条件が決定するので、提携先の施工会社を紹介するようにしましょう。

実践編

ケーススタディ：借換えローン
～全期間固定金利型を借入中で、より低金利な金利タイプを重視する場合～

◆全期間固定金利型より低金利な金利タイプを重視する場合◆

● プロフィール

家族構成：世帯主45歳（会社員、年収600万円）、配偶者40歳（専業主婦）、子供14歳
当初借入金額：3,000万円、返済期間35年
現在の残高：2,808万円、残存期間32年3ヵ月
適用金利：全期間固定金利型3.0%
元利均等返済：ボーナス時増額返済なし
現在の返済額：11.5万円（月額）

● ヒヤリング内容

借入時には金利が上昇していたので、全期間固定金利型を選択したがその後金利が下がって変動金利型は1％前半ということ、金利は当面上昇しないのではないかとも考え、借換えを検討している。

年収は今後大幅に増加することは考えにくく、子供が現在中学生なので、大学までの進学を考えると教育資金のことも不安であり、間違いなく準備できるよう備えておきたい。

☆相談のポイント

低金利が希望なので変動金利型または一定期間固定金利選択型（10年）の提案を前提に行いますが、子供の教育資金を考慮した提案が必要です。ここで子供の年齢をみると14歳なので、子供に教育資金がかかる間は、低金利志

ケーススタディ
～全期間固定金利型を借入中で、より低金利な金利タイプを重視する場合～

向といっても、借換え後の返済額は一定のほうが相談者の希望に合う可能性が高いので、当初金利優遇幅が大きい一定期間固定金利選択型（10年）を提案します。

☆シミュレーション
●借換え後の返済計画

借換え後の借入金額は、現在の残高2,808万円に借換え手数料82万円を加えた2,890万円とします。返済期間は、残存期間32年3ヵ月と同様にします。

また、借換えの後の10年間の適用金利は固定金利2.0％（適用金利3.8％より1.8％優遇）として、11年目以降から完済までは、基準金利から1.0％優遇とします。

10年間の固定金利期間が終了しても、残高は約2,184万円、残存期間も22年3ヵ月あり、11年目以降の適用金利は現時点で確定していないので、11年目以降の適用金利を想定して11年目以降の返済額をシミュレーションしておく必要があります。

◆図表4－29　返済額のシミュレーション

借換え前：　返済額11.5万円（月額）
借換え後：　当初10年間　返済額10.1万円（月額）
借換え効果：　借替え当初1.4万円（月額）、16.8万円（年間）の減額　10年間で168万円の減額
11年目以降の返済額のシミュレーション（月額）
　適用金利が0.5％上昇して2.5％の場合：　10.7万円
　適用金利が1.0％上昇して3.0％の場合：　11.2万円
　適用金利が1.5％上昇して3.5％の場合：　11.8万円
　適用金利が2.0％上昇して4.0％の場合：　12.4万円
借換え後も残存期間は変えず、元利均等返済、ボーナス時増額返済なしとします。

ただし、10年後には子供の年齢が24歳になっているので、年収は現在のままでも教育資金の支出がなくなっています。その分を11年目以降に繰上返済として充当することが可能です。借換え後の差額分の168万円は教育資金として貯蓄しておくとしても、もし教育資金に使うことがなければ繰上返済に充当し、子供が大学を卒業して教育資金がかからなくなった分も、繰上返済の資金とすることができます。

　なお、諸費用については数十万かかるケースが多いので、見込み顧客が借換えを行う場合に気になる点になります。

　そこで、諸費用を加算しない返済後の返済計画を提示して、借換え後の返済額に大きな違いがないことを示しておく必要があります。

◆図表4－30　借換え時に諸費用を加算しない場合の返済額

借換え後の総返済額（諸費用加算せず）：　2,808万円
借換え後当初10年間：　返済額9.9万円
借換え後も残存期間は変えず、元利均等返済、ボーナス時増額返済なし

　借換え時に諸費用を借換え前の残高に加算した場合と比較して、返済額は月額約2,000円の減額となりますが、借換えの目的や効果を考慮すると相殺すると考えることもできます。

　諸費用の一時払いが負担の場合は、事例のように諸費用を借換え時の残高に加算することも可能です。

実践編 ケーススタディ：借換えローン
～変動金利型を借入中で金利上昇リスク回避を重視する場合～

◆変動金利型を借入中で金利上昇リスク回避を重視する場合◆

● プロフィール

　家 族 世 帯：　世帯主38歳（会社員、年収500万円）、配偶者35歳（会社員、年収300万円）、子供7歳

　借 入 金 額：　3,000万円　返済期間35年

　現在の残高：　2,632万円　残存期間29年6ヵ月

　適 用 金 利：　2.075％（変動金利型）

　返 済 方 法：　元利均等返済、ボーナス時増額返済なし

　返 　済 　額：　9.9万円（月額）

　借入当初は一定期間固定金利選択型（3年）の金利タイプを選択したが、4年目以降は変動金利型を選択した。完済までは基準金利（店頭金利）から0.4％優遇。

● ヒヤリング内容

　現在は変動金利型で借りているが、テレビや新聞の金利動向のニュースに一喜一憂することに疲れている。また、今すぐに金利は上昇しないと思う反面、もしも金利が上昇したら困るので、今のうちに対策を考えておきたい。

　子供も小学校に入学して手も離れ、配偶者も当面仕事を続ける予定なので、これからの子供の教育資金を考えたとしても、住宅ローンの返済額が今よりも増えることに家計上問題はない。

☆相談のポイント

　全期間固定金利型は借り換えると一般に変動金利型と比較して適用金利が上昇するので、借換え後の返済額が現在の返済額よりも増えることになります。また、子供が小学校に入学したばかりなので今後教育資金の増加も見込まれますが、配偶者も収入があるので返済額の増加分は対応できると考えられます。

　もし、借換え後に配偶者の収入がなくなると家計の負担が増えるので、少なくても子供が大学を卒業するまでの残り15年間（50歳まで）は、仕事を続けるほうがよいというアドバイスが必要です。

☆シミュレーション

●借換え後の返済計画

　借換え後の借入金額は、現在の残高2,632万円に借換え手数料78万円を加えた2,710万円とします。返済期間は、残存期間29年6ヵ月と同様にします。

　借換え後の全期間固定金利型の適用金利は、2.7％とします。

◆図表4-31　返済額のシミュレーション

〈借換時に諸費用を加算する場合の返済額〉
　借換え前：　9.9万円（月額）
　借換え後：　11.1万円（月額）
　借換え後の効果：1.2万円（月額）の増額　年間14.4万円の増額
〈借換え時に諸費用を加算しない場合の返済額〉
　借換え後の返済額（諸費用加算せず）：2,632万円
　借換え後の返済額：10.8万円

　月額1.2万円の増加であれば、生命保険の保険料の見直しや家計支出の見直しで吸収できるケースがあります。

　借換え時に諸費用を借換え前の残高に加算した場合と比較して、返済額は

ケーススタディ
〜変動金利型で借入中で金利上昇リスクを重視する場合〜

月額約3,000円の減額となりますが、借換えの目的や効果を考慮すると相殺すると考えることもできます。

諸費用の一時払いが負担の場合は、事例のように諸費用を借換え時の残高に加算することも可能です。

● 【フラット35】を利用した借換え

全期間固定金利型である【フラット35】も、借換えに対応しています。

そこで自行の【フラット35】を提案する場合は、次の点に注意しましょう。

①「【フラット35】借換え対象住宅に関する確認書」の提出

【フラット35】は検査機関等による物件検査が必要ですが、借換えの対象となる建物が新耐震基準であれば、借換えの場合、「【フラット35】借換対象住宅に関する確認書」に記載されている項目に適合していることについて、申込者自身による確認のみで申込みができます。

②【フラット35】の団体信用生命保険

【フラット35】の団体信用生命保険(機構団体信用生命保険)は任意加入です。加入時には保険料（特約料）を借主が支払うことになるので、借換え後の返済額に加味する必要があります。

③返済期間の引延しが可能

【フラット35】の借換えの返済期間は、「80歳－年齢」または「35年－これまで返済してきた期間」と比較して短いほうを選択することになっています。よって、当初の返済期間を短くしていた場合や繰上返済により返済期間を短くした場合であれば、返済期間を延ばして返済額を少なくすることが可能な場合があります。

【著者紹介】

村元正明（むらもと まさあき）　（マイホームなび株式会社　代表取締役社長）

☆保有資格等

経営コンサルタント、ファイナンシャルプランナー、住宅ローンアドバイザー（住宅金融普及協会認定）、内閣府認定 NPO 法人「FP コンサルタント普及協会」理事

☆略　歴

　1966年長崎県生まれ、九州大学工学部卒。富士銀行（現みずほ FG）にて融資、渉外、市場ディーリング部門に従事し、その後、経営コンサルティング会社にてトヨタ自動車およびグループ企業などのマネジメント改革等に携わる。

　2001年4月に独立系 FP 事務所「ミスターエフピー銀座オフィス」を開業後、住宅ローン＆住宅資金計画のコンサルティング会社マイホームなび㈱を2008年2月に新たに設立し、現在に至る。

　20〜40代の一次取得者向け、50代以降のセカンドライフのための住宅全般、住宅ローンの借換えなど3,000組以上のコンサルティング実績を持つ。テレビ番組の監修や出演（フジテレビ「ニュースジャパン」、テレビ東京など）、雑誌や広告へのコメント及びコラム提供など、幅広く活動を行っている。

☆著　書

『図解はじめてでもカンタン！賢く選ぶ住宅ローン』（あさ出版）、『定年後も安心！　40〜50代から始める資産運用』（共著、ぱる出版）、『住宅ローン完全ガイド』（ソフトバンククリエイティブ）

【マイホームなび株式会社　会社案内】

　独立系 FP 事務所ミスターエフピー銀座オフィスのマイホーム関連事業を分社化し、2008年2月に設立。大手福利厚生代行会社と提携を行い、契約する法人会員の従業員約250万名に対してマイホームに関する個人向けコンサルティングサービスを提供中。また、個人向けコンサルティングの実績をもとに、住宅・販売事業者への営業コンサルティングを行う。

提案力で差をつける　住宅ローン推進のポイント

2011年10月20日　初版第1刷発行	著　者　村　元　正　明
2012年11月30日　初版第3刷発行	発行者　下　平　晋一郎
	発行所　㈱経済法令研究会

〒162-8421　東京都新宿区市谷本村町3-21
電話　代表 03(3267)4811　制作 03(3267)4823

〈検印省略〉

営業所／東京03(3267)4812　大阪06(6261)2911　名古屋052(332)3511　福岡092(411)0805

カバーデザイン／清水裕久(Pesco Paint)　制作／笹原伸貴　印刷／日本ハイコム㈱

© Masaaki Muramoto 2012　Printed in Japan　　　　　　ISBN978-4-7668-3199-3

"経済法令グループメールマガジン"配信ご登録のお勧め
当社グループが取り扱う書籍、通信講座、セミナー、検定試験情報等、皆様にお役立ていただける情報をお届け致します。下記ホームページのトップ画面からご登録いただけます。
☆　経済法令研究会　http://www.khk.co.jp/　☆

定価はカバーに表示してあります。無断複製・転用等を禁じます。落丁・乱丁本はお取替えします。